儀式感

高瑞灃 著

把將就的日子
過成講究的生活

前言
為什麼我們需要儀式感？

儀式是很重要的一件事。

「儀式是什麼？」小王子問道。

狐狸說：「它就是使某一天與其他日子不同，使某一刻與其他時刻不同。」

有儀式感的人生，我們才切切實實地有存在感。

儀式感不流於表面，不是你非給別人留下什麼印象，

而是讓我們的心能夠真切地感知生命，充滿熱情地面對生活。

儀式感是什麼？

如果你只想要個簡單的答案，那麼各種百科會這樣告訴你：儀式無處不在，儀式感

是人們表達內心情感最直接的方式。

其實，儀式就是透過一些耗時耗力、可有可無的動作，來表達你認為非常重要的意願或訴求，或是透過特定的形式來體現某件事具有重要的意義。它賦予某個時刻特殊的含義，以示你對此刻的重視。另外，儀式的目的往往會超過其行為本身。比如，你買了一本漂亮的筆記本，在上面寫下第一行字，更多的是無形的標誌性意義——它是這個筆記本所有故事的開始。

我們的生活大多平淡無奇，今天和昨天似乎沒有什麼不同，但因為某個儀式的存在，會讓你覺得一切都重新開始了，彷彿自己與過去的時光做了一個了斷。

儀式感可以將生活中平淡的瑣事轉化成具有特殊意義的事件，進而觸動我們的心靈。

《小王子》裡有一個小小的片段：小王子第一次遇到狐狸時，狐狸告訴他，相識是需要一定儀式的，這很重要。因為伴隨著這個儀式，很多原本無關緊要的東西就會被賦予意義。好比狐狸一看到小麥，就會想起小王子的髮色。有了儀式，生活也有了期待，比如小王子每天下午四點會來，那麼到了三點鐘的時候，狐狸就會滿心期待。

「儀式究竟是什麼？」小王子問道。

狐狸告訴他：「它就是使某一天與其他日子不同，使某一刻與其他時刻不同。」

這個世界上大多數人的生活都是庸庸碌碌，時光總是被虛度，年華逝去得毫無價值。儀式的作用，就是讓我們在日常的繁瑣中體驗到真正的愉悅。

讓自己用心生活，而不是拚命生存

並非誰都能精緻地活著。有些人出差回來兩、三天了，行李還躺在進門的地方，根本不想打開，這是拖；有些人喝得微醺爛醉，妝都來不及卸，整個人就昏睡過去，這是懶。

但是，拖和懶並不妨礙我們成為一個擁有儀式感的人，也不妨礙我們一直秉持的「生活就是要沒事找事，處處都要有儀式」的生活態度。

儀式感，說白了不過是做好一些小事。比如買花這件事，心情好的時候買，可以增加愉悅感；心情不好的時候買，可以讓煩惱減半。朋友聚餐，如果有了鮮花的點綴，氣氛也會變得更溫馨浪漫。又比如出門吃飯，一定要精心化個淡妝，再根據餐廳的風格搭配相應的服飾。也許有人很不理解這樣的行為，不屑地說：「不就是吃個飯，用得著這樣嗎？」因為他們的標準是怎麼舒服就怎麼穿，衣服能夠蔽體就可以了。小A和男友小C去一家頗負盛名的西餐廳用餐，結果，穿著拖鞋配短褲的小C被禮貌地攔在門外。小C大怒，抗議侍應生狗眼看人低。小A覺得他太丟臉，拉著他狼狽地離開。

原本的浪漫西餐變成了路邊攤，小A心裡已經夠不好受了，偏偏小C還嘮叨個不停：「出來吃個飯而已，何必窮講究，有那個時間還不如多休息一會兒。」

小A滿腹委屈，今天是她忙碌了三個月後第一次出門吃飯。在這之前，她每天往返於公司和學校，除了外賣，最常吃的就是肯德基、麥當勞。她不是喜歡吃這些速食，只是為了節省時間的不得已之選。小A日常最常穿的也是T恤、牛仔褲和運動鞋，只為圖個舒服和方便。但這種長期一成不變的狀態，導致她一度認為自己生活得毫無品質，進食只是為了活著，穿衣僅是為了能夠出門而已。

儀式感的目的是讓人們感覺正在認真生活，而不是蒼白度日。生活的意義需要主觀地賦予，在於如何用恰到好處的行動去詮釋，這是一種生活美學。沒有儀式感的生活，一年三百六十五天，除了吃喝拉撒睡和日復一日重複的工作外，毫無期待。這樣的生命是多麼黯淡無光！

正因為小A明白這一點，才會提前兩天預訂餐位，滿心歡喜地期待，精心裝扮自己，認真地對待這頓晚餐。只有這樣，才覺得自己確實是在生活，而不僅僅是為了生存。她選擇這家餐廳也不全是為了品嘗美食，比食物本身更有意義的是，這種不同的體驗帶給她品味生活的滿足感。

小A讀大學時選了一門存在主義的選修課，第一堂課上，老師就和同學們講了這門課最重要的一個理論，她說：「這個世界原本是特別混亂的，沒有任何規則，就算一個人做了一輩子好事，最後死於非命，那也是正常的。」她還說，「雖然很殘忍，但是事物只要存在，就有它的必然性，這個世界的本質是不會、也不可能和你講任何道理。」而我們尋找儀式感，大概就是為了在這個無情且殘酷的世界裡，讓某段時光或某個場景能夠真實地受控於自己，並且賦予其個人色彩的印記。

人生在世像在一條漫長且黑暗的河流裡不斷地漂泊流浪，我們的未來在哪裡？終點在哪裡？誰能切切實實、清楚明白地知道？可是我們依然只能不問終點地前行，也不知道什麼時候會撞上暗礁，或被逆流無情地捲走，或就地擱淺。所謂的儀式感，也許就是我們於人生河流兩岸建造的那些小燈塔吧！靠著這些燈塔閃爍的光亮，才能真正體會到真實的自我，確定自己曾經存在過。

哪怕何時吹來一陣並不猛烈的風，就能輕輕鬆鬆把這些燈塔上的亮光吹滅；哪怕這些燈塔的存在沒有實際意義，我們仍然在不斷努力創造燈塔，為每一個平凡的日子，為每一個普通的行為，設定屬於它背後的精神內涵。

這就是我們人類極卑微卻又極感人的地方。

再平淡無奇的生活，也能變得有意義、有滋味

有兩位心理學家做過一項心理實驗，被試驗者自行選擇一個想要加入的社團，但真正加入社團之前需要經過不同條件的篩選。其中，最開始的三分之一被試驗者需要經過苛刻的篩選過程；之後的三分之一被試驗者需要經過令人輕微不適的篩選過程；最後的三分之一被試驗者則不需要篩選就可以直接進入該社團。

篩選過後，所有的被試驗者都需要試聽一段社團成員的討論錄音，錄音內容被盡量設計得沉悶、枯燥。聽完之後，要求被試驗者對是否喜歡該段討論、聽到的內容是否有趣進行評分。

實驗結果是，經過苛刻考核的被試驗者對枯燥的討論內容評分最高。他們會說服自己相信，即使這個討論沒有達到預期效果，仍然具有重要的價值。之所以有這樣的評價，主要是因為經過苛刻的篩選儀式後，價值感倍增，加入該社團的意願最為強烈，因此願意為成為這個組織的一員付出努力。

可見，苛刻的篩選儀式讓加入社團這件事變得具有特殊意義，從而增強了個體的意願，即使他們發現效果不如預期，仍然會說服自己繼續做下去。

聯想到我們的生活，那些不論人生給予多少挫折和磨難，仍然不急不躁、將日子過得雲卷雲舒之人，都是因為他們懂得在生活中增加儀式感，讓平淡無奇的生活變得有意義，從而增強了繼續努力的決心。

有位擊劍教練告訴我，一些固定儀式對運動員的影響特別強烈。好的運動員調整心態時的舉動幾乎都是一樣的——握拳的方法、步伐的節奏、鼓勵的話語等。養成這種習慣，肌肉就像有了記憶一樣，做起這些動作就能夠迅速調整到最佳狀態。

生活中，我們同樣擁有一些固定的儀式。如結婚典禮、新年的鐘聲倒數、剪綵儀式等等。它們不光具有代表性，還有一定的渲染作用。如婚禮上的鄭重承諾、新年鐘聲敲響前的緊張心情、剪綵時的隆重氣氛等，這些渲染效果感染我們的同時，也表達著一種人們對生活的熱愛。這裡涉及了更深層次的哲學問題，物質和精神、行為和心理，到底哪個是被動的一方？當你真正完成一場儀式，會發現它們之間是互相影響的。美好的儀式能自發地、由內而外地給心靈帶來觸動，而心理層面的變化又會進一步影響人的行為。於是，進入了儀式感的良性迴圈，生活自然會變得更加有格調、有滋味。

為平淡的日子製造一場盛宴

就算只有一個人，也要好好吃飯、睡覺，多出門走走，多看遠處的綠色，給自己一點時間靜下來，享受生活中的美好瞬間，花點心思為生活增加一些儀式感。

《六人行》中有個經典的片段，映射了不少單身男女的生活。情人節對情侶來說，無疑是充滿溫馨浪漫的日子。儘管對單身一族來說，這樣的日子總讓人感到淒涼，但劇中的三個單身女孩卻用獨特的方式過了一個具有特殊意義的情人節。

她們將前男友送的禮品、首飾，以及來往信件統統放在一起，然後燒掉。她們圍著火堆慶祝，巨大的火焰一度引來消防員。值得慶幸的是最終沒有引起火災，更幸運的是，消防員中有人對其中一個女孩一見傾心。

與過去相比，這個時代的生活節奏變快了，情趣也少了。人們變得愈來愈匆忙，好像時時刻刻都趕著去做某件重要的事情，即使那只是再平常不過的日子。伴隨著情趣一起消失的是那些儀式感，沒了儀式感的日子充斥著喧囂，顯得雜亂無序。

我們可以敷衍生活、應付工作，可以隨隨便便交朋友、得過且過，但如何能敷衍自己、敷衍內心深處的抵抗？

每一種習慣都似乎有其必然的道理，那些在我們眼中活得轟轟烈烈的人們，到底多做了些什麼？

大多數時候，我們似乎忘記了身邊微不足道的小確幸，總是過度追求那些不屬於我們的東西。生活中有很多美妙卻稍縱即逝的瞬間：在圖書館邂逅一本精美的書，書中或許還有前位讀者留下的玫瑰書籤；在寒冷的冬天，暖陽突然降臨，街邊的流浪狗歡喜地對著你搖尾巴；下雨時包包裡剛好帶著新買的雨傘……都會讓人產生微小的幸福感。用心留意，每天都會比前一天更快樂。平淡的日子裡，當你懂得給自己製造驚喜，生活就充滿了儀式感；而那些所謂的無趣，正是因為缺少儀式感。

儀式感的存在，就是為了讓無趣的生活變得更加美好，讓平凡的日子充滿詩情畫意。就如同奧黛麗．赫本的經典影片《第凡內早餐》裡所描述的：一貧如洗的荷莉，總會穿著黑色小禮服，戴著假珠寶，在第凡內精美的櫥窗前，慢慢地將早餐吃完。這時，最普通的可頌麵包與熱咖啡，也變成了盛宴。第凡內安靜、高貴的氣氛讓荷莉產生儀式感，因此她相信在那裡不會發生什麼不幸的事。人人都愛第凡內式早餐，卻鮮少有人會回頭看看自己的生活，儀式感是多麼匱乏。

目錄 CONTENTS

前言 為什麼我們需要儀式感？ 003

PART 1 我們用盡了全力，只為過好這平凡的一生

讓平凡的日子擁有不凡的意義 018
儀式感是生活沉澱下幸福的味道 025
讓生活成為生活，而不是簡單的生存 033
大多數美好的回憶都和儀式有關 041
儀式是一條線，幫你區分過去和將來 049
我們總需要一些儀式來開始或者結束些什麼 059

PART 2

把時光的美好收集在身邊，用朝聖般的儀式開啟每一天

如果沒有儀式感，昨天和今天有什麼區別呢？ 068
能讓你過得好的不是金錢抑或其他，而是你自己 075
現有的日子太苦，需要「儀式感」來美化 083
儀式感是感情的催化劑 093
你說這是精打細算，但我認為這是對生活的敷衍 106
最可怕的生活是，你完全找不到興趣 113

PART 3

儀式感是給我們找到真實自己的契機

儀式感，就是讓我們的生活充滿節奏 126
儀式感，能夠更提升我們的行為力 135

儀式讓內心和身外的世界建立聯繫 142
禮儀即禮節與儀式，不學禮儀則無以立身 150
相比心靈雞湯，儀式感將帶給你更加強烈的自我暗示 156

PART 4
儀式感，是一種人生的修行

放慢腳步，才會發現人生旅途中別樣的風景 166
如果在錯過太陽時哭泣，請擦乾眼淚等星空 175
愈是沒人愛，愈要愛自己 183
任何儀式都是出於某種莊重的目的，都值得我們尊敬 191
儀式並不是簡單的聲色犬馬 196

PART 5
你用心的節目，會成為漫長人生裡我微笑想起的甜蜜

儀式感，是父母給孩子最好的禮物 204
有儀式感的家庭，更容易培養出幸福感強的孩子 215
謀生的儀式感 226
每個人都可以擁有愛情，高貴只與美好有關 231
擁有此生是不夠的，還應該擁有詩意的世界 241

後記　一見如故的路人，不辭而別的朋友 250

PART 1

我們用盡了全力，只為過好這平凡的一生

讓平凡的日子擁有不凡的意義

儀式，就是使某一刻與其他時刻不同，這種認真的儀式感會給予我們歸屬感、安全感和使命感。長此以往，在做事時能養成專注而認真的態度，讓我們身上漸漸擁有一種無可替代的光芒。

英劇《唐頓莊園》中經常出現這樣的畫面：女僕精心擺放各式各樣的餐具和杯子，管家在一旁一絲不苟地不斷囑咐：什麼樣的餐具應該配什麼樣的菜式，什麼樣的菜式應該有什麼樣的飲品，不能有絲毫混淆。而那些貴族少爺和小姐們，每到用餐時間，都會先回房間換上西裝。

「你厭倦了生活中的格調，就是厭倦了生活。」莊園主人唐頓如是說。顯然，他對生活的儀式相當著迷，甚至到了痴迷的地步。他不僅僅莊重地對待生活，更莊重地對待自己的內心，看似繁瑣，卻優雅到了極致。

儀式感絕不僅是貴族的專利，不是只有穿高貴的禮服、吃高級的西餐、喝昂貴的紅酒，才叫有儀式感的生活。

小時候聽過一則故事，講述富翁和乞丐一起在沙灘上晒太陽。富翁不停地去看安然自得的乞丐，終於，他忍不住了，摸了摸自己斑白的頭髮對乞丐說：「年輕人，你怎麼在這裡晒太陽？」

乞丐回答他：「是啊！今天天氣很不錯。」

富翁又問：「難道你今天不用工作嗎？」

乞丐說：「工作？我為什麼要工作？」

於是富翁掏出錢包裡的錢給乞丐看：「可以賺錢啊！」

乞丐看了一眼他手中的鈔票，眨了眨眼，問：「賺錢？」

富翁點點頭：「是啊！當你賺到第一筆小錢時，可以利用它去投資，賺更多錢。」

聽他這麼說，乞丐顯然有了興趣，直起身子問：「然後呢？」

富翁得意地告訴他：「然後再投資，再賺錢，如此循環。如果你的運氣不錯，就可以像我一樣。」

乞丐問：「是嗎？那會怎麼樣呢？」

富翁伸展了一下身體：「可以很舒服地在這裡晒太陽呀！」

乞丐聽完就躺了下去，反問道：「難道我現在不是在晒太陽嗎？」

富翁的話沒有錯，同樣，乞丐的話似乎也沒問題，因為無論你是腰纏萬貫還是身無分文，當陽光照耀在身上的時候，都是溫暖的。所以儀式感與財富、身分無關，只關乎心境。

剛畢業進入職場時，和我合租房子的年輕人長得白白淨淨，一看就是從小在家養尊處優慣了。本以為他是個四體不勤、五穀不分的小少爺，沒想到十分懂得生活，把房間布置得整潔又有文藝氣息。他工作也滿忙的，經常加班，但每天回家以後，還是會一邊放音樂，一邊做飯，而且廚藝確實很不錯。到了夏天，我看到他大汗淋漓地在廚房擺弄鍋碗瓢盆時，總會勸他：「你回來這麼晚，不如乾脆在外面吃，這樣多省事。」

他說：「事是省了，不過也省掉了我的心情。我媽從小就教我做菜煮飯，一個人在外地辛苦打拚，做點好吃的給自己，才叫享受生活，這飯菜裡有工作一天的充實。我還在菜裡加了些從家裡帶來的豆瓣醬和臘肉，吃起來更有家的味道。」

他和我一樣單身，後來養了一條狗，每天早晚都會花時間出去遛狗，週末還去游泳、打籃球、踢足球。說他把日子過成詩，似乎有點誇張，不過，確實把生活過成了他想要的樣子。

試問現在這個社會，誰的工作不忙？誰的壓力不大？誰不會焦慮？

有人面對焦慮時，不斷地抱怨和逃避，接二連三地換工作，繼而走入極端、自暴自棄。許多人的價值觀都過於單一，習慣用最簡單、粗暴的標準來衡量一個人——房子、車子、事業、權力……似乎只有擁有了這些，才能稱之為成功；擁有了這些，生活就一定會圓滿幸福。多元化的生活方式與單一的人生觀，似乎互不相容。然而真的是這樣嗎？

我們不知道那些功成名就的人是否快樂，但可知的是，普通人並非註定不幸福。從某種程度上來說，幸福感取決於一個人的認知度。拿我來說，兒時的幸福，彷彿俯拾皆是。那時的我一無所有、一無所知，卻無憂無慮、自在歡喜。上學時，每次得到新書包、買了新文具，甚至每次拿到學校新發的教科書和作業本，都會感到快樂而滿足。我會拿出漂亮的鉛筆盒，抽出有好看花紋的鉛筆，在嶄新的作業本上工整地寫上每一個生字。在那一刻，我心裡確實充滿了小小的欣喜。

世界在我們眼中曾經是那麼豐富多彩，可是愈長愈大，知識量愈來愈豐富，視野卻愈來愈狹窄。以前了解的世界如雲煙般消散，思維也被無形的框架扼住，變得淺薄狹隘。我時常會靜下心來，想想以前和同學們一起在黑板上畫圖寫字的光景、曾經放在美術教室裡的大衛石膏像、學校舉辦公園遠足時看見的落葉，還有自然博物館大廳裡展覽的巨大恐龍骨架。我想用它們來提醒自己不要在成人浮躁的思維牢籠裡關太久，不要用被圈養已久的眼光來破壞最純粹的審美，以至忽略那些俯拾皆是、觸手可及的生活樂趣。

我很喜歡日本作家村上春樹說的一個詞——「小確幸」。

小確幸是指那些微小而確實的幸福，持續時間不等，從三秒鐘到一整天，甚至更久。村上春樹列舉過好多他的「小確幸」，比如一邊聽布拉姆斯的室內樂，一邊凝視秋日午後陽光在白紙糊拉窗上描繪的樹影；又比如獨自在鰻魚餐館等待餐點時，邊喝啤酒邊看雜誌；還有捧著新買回來的「布魯斯兄弟」棉質襯衫時，聞到它嶄新的味道……

小確幸就是對待生活的一種儀式感，讓我們可以體悟到生活中小小的、不易被發掘的樂趣。比如每天早晨在辦公桌上放一束鮮花，每隔兩天給遠方的親人、朋友打一通問候的電話；或比如，一個人好好享受在週末暖陽裡的下午茶。

人生大概都是如此，在經歷時可能沒有察覺，但事後會明白，這一件件或大或小的事情都是一座座里程碑，堆疊起來，就是你豐富多彩的人生。

生活中的儀式感，不僅是對所獲成就的一種肯定，更是總結經驗，收拾心情，並再度啟程的動力。

沒人能時時刻刻活得驚天動地、光彩奪目，但生命中的每一天都是我們無法分割的一部分，是組成人生的幾萬分之一。即使是最普通的一天，也要過得有意義。

佛洛伊德認為，儀式是一種白日夢。

胡適在《人生問題》裡寫道：「人生就算是作夢，也要作一個像樣子的夢。」

在車水馬龍的鋼筋水泥森林，或人來人往、燈紅酒綠的海洋裡，我們很容易陷入某種「睜眼無趣，閉眼無聊」的、兩點一線的封閉循環，卻始終找不出可以打破的環節。

在這個娛樂浮躁年代裡，有多少人掙扎，就有多少人沉淪。

你可以早餐隨便吃，甚至是不吃；你可以很久不洗衣服，直到它們堆積成山；你也可以重複枯燥無趣的工作，一邊幹活，一邊抱怨；你還可以一直一直忙著，忙著帶孩子、加班、開會、還貸款……忙著生活裡的柴米油鹽，把所有紀念日都丟在一邊，對所有關心你、或者你關心的人都視而不見，甚至好多年都生活在方圓十幾公里的範圍內。

你可能一邊重複著這樣的生活，一邊騙自己平凡可貴，偶爾作個無關緊要的白日夢，卻夢得太過舒適、枯燥無味。你也許會抱怨命運，但命運其實對你很好，它沒有給你特別的驚喜，也沒有給予慘烈的打擊，它給了你永恆的平淡，就像給所有人的一樣。

大多數人都是這樣平靜無波地生活著，只不過有些人懂得作點色彩繽紛的夢。他們找到了屬於自己的儀式感，打破了生活的封閉循環。他們會把家收拾得整齊乾淨；會在睡前看一下書；會在休息日時約三五好友聊聊天，該和家人在一起的日子絕不缺席；會在年頭年尾時，拿出一本嶄新的桌曆，鄭重地放到桌上；會在跨年的時刻，心裡默念：新的一年，好好過……

儀式感是生活沉澱下幸福的味道

儀式感不囿於形式。我們不需要利用它向枯澀的生活宣戰，它存在的意義，就是讓我們愛上生活，讓生活變得更加有層次。

文倩嵐去年過生日時，男朋友因為出差不能陪她，就透過電子支付送了個很大的紅包給她，她起初很開心，訂了蛋糕，約了幾個朋友一起慶祝。原本一切都很完美，可當她興沖沖地去蛋糕店拿蛋糕時，看到一個男生也在拿蛋糕，突然就惆悵了。她告訴我們，原本應該是男朋友訂蛋糕給她的，還應該有一束漂亮的鮮花。但隨即她又笑了，說：「雖然蛋糕和鮮花比不上這個大紅包實在，但是有他陪，才像過生日嘛！」

我記下她的話，好心轉述給她遠在一千多公里外的男朋友。讓我想不到的是，今年文倩嵐生日那天，我居然接到充滿埋怨的電話。她開門見山地問我：「誰讓你告訴他我喜歡鮮花和蛋糕？」
我很納悶：「妳去年不是在蛋糕店裡碎碎唸嗎？」
文倩嵐說：「我唸歸唸，鮮花和蛋糕也確實美好，可我還是認為收個大紅包更實在，可以想買什麼就買什麼！」
我忍不住對電話那邊的她翻了個白眼。
她想了想又說：「其實我從來不買花，家裡連個花瓶都沒有。剛收到的那束花就被我靠牆立在桌上，等拍完照，它似乎就結束了使命。」
說完，文倩嵐忍不住感慨：「哎呀，對我這樣的功利主義者來說，最合適的禮物還是現金，我喜歡什麼就去買什麼，想什麼時候買就什麼時候買！」
「不追求生日該有的儀式感了？不羨慕別人收到鮮花、蛋糕、氣球了？」我忍不住逗她。
文倩嵐又笑了，她說：「不羨慕了，只要你們記得我的生日，然後每年送最貴的禮物，或者乾脆直接送紅包給我，就滿足了！」
「真是個現實的女人，難道連生日祝福都不需要？直接轉個『數字』給妳就好了？」她居然回答：「只要數字可觀，當然沒問題！」可是我知道她這句「沒問題」是言不由衷。兩年後她結婚時，有幾個朋友有事到不了婚宴現場，先送了紅包給她，居然被退了回去，還急吼吼地打電話說：「我請你們不是為了要紅包，要的是朋友來分享我的幸福！只要出現，不隨禮都可以，因為你們是我的朋友！」

某年她過生日時的許願：「希望以後每年生日都有你們這些朋友陪伴。你們的陪伴是最好的生日禮物。」她的願望裡，並不包括金錢。

文倩嵐自始至終最想要的都是陪伴，而陪伴不就是一種儀式嗎？金錢、禮物、蛋糕、鮮花，和那些身外之物統統無關！

高房價的今天，我身邊的朋友大多是買車、買房後結婚。當然，大部分人的房子和車子是在家人幫助下買的。

有個朋友例外。他在大學畢業那年結婚，兩人是大學同學，戀愛三年，雙方家庭條件都一般，不能幫他們買房、買車，在沒有任何物質基礎的條件下登記結婚。

他們公證那天請我們一群朋友去家裡吃飯。出租屋的門窗上貼著幾個「囍」字，兩人戴著純銀婚戒，狹小的室內只有一張床和一張桌子。大家不是直接坐在地上，就是拿幾本過期書刊疊著當凳子，吃著外賣，向新婚夫婦敬酒，說著祝福的話，就這麼完成了他們的結婚儀式。

那天，新郎被我們灌了很多酒，最後喝得眼眶發紅，他對新娘說：「和我在一起真是委屈妳了，等以後賺到錢，一定補一個最盛大的婚禮給妳。」

這個朋友頭腦聰明，EQ高，肯吃苦，結婚以後沒日沒夜地工作，終於從跑腿的小銷售熬成大客戶信賴的經理，薪資也一路水漲船高。

領到第一筆高額獎金後，他抱著裝滿現金的包包一路跑回家，拉著老婆的手直奔百貨公司挑鑽戒。他向老婆大聲喊道：「喜歡哪個買哪個，買完我們就去補辦婚禮！」

他老婆最後卻什麼都沒選，兩人在商場裡轉了一圈，最後手牽手回家。

有次聚會，他說起這件事，我笑他老婆傻，我說：「難得他有錢還想著買婚戒給妳，妳就該選個最貴、最好的，這是戴在手上一輩子的東西。廣告不是都說了嗎？『鑽石恆久遠，一顆永流傳』。你們那對銀戒指只是權宜之計，是該換了。總得要有點儀式感吧？以後的生活還不知道有多少艱難困苦等著呢，在瑣碎的生活中看到閃亮的鑽戒，還能讓你們想起當年戀愛的美好時光，那是個紀念啊！」

「你的意思是，只要有一場盛大的婚禮、一顆N克拉的鑽戒，就是儀式感嗎？」他老婆微笑地看著我，手指輕輕撫摸無名指上的銀戒指，「我是個普通人，也希望有盛大的婚禮、昂貴的首飾，像公主一樣出嫁，但是千萬別忘了，兩個人彼此喜歡、真心相愛才是這個儀式的前提。我相信儀式會為我們的愛情加持，可惜我老公暫時不能給我這個儀式。要是他有條件卻不給，我才不會嫁給他！話說回來，我們就算沒有婚禮，也比那些有條件卻無誠心，最後出軌離婚，為爭財產而對簿公堂的人好多了。盛大的婚禮和耀眼的鑽戒看起來那麼美好，卻不能保證愛情和婚姻幸福，不是嗎？」

她還問我：「你知道對我來講，儀式感是什麼嗎？是結婚三年後還能像上學時那樣通宵聊天；是他說『我愛妳』時依然會臉紅；是他在外奔波一天，回家之後依然會搶著下廚做飯；是我們吵架之後，無論多生氣他都會主動抱我；不管我脾氣多不好，他都會包容我；無論誰對誰錯，他都會先說對不起；也是他下班後穿著西裝去菜市場買我最喜歡吃的菜；是他粗心大意地活了二十幾年，總是找不到要穿的襪子，卻不忘每天早上起床後幫我倒一杯溫開水。」

幸福原來這麼簡單，很多看起來不起眼的瞬間，就是幸福的源泉，是特殊的儀式感。他們的愛情不需要寄託於華麗的物質或繁瑣的形式，彼此的存在，就是攜手走下去的全部動力。

儀式感是切切實實存在的，但並非刻意安排的某個場景、某件事，它不脫離實際生活，體現在我們的一舉一動之中。那些不追求形式的人，即使沒有鑽戒和婚禮，也能透過真正的付出，感受到對方一點一滴的愛。

有一位酷愛旅行的人，足跡幾乎遍布了中國，在西藏的布達拉宮前虔誠叩拜，在峨眉山金頂上領略佛光，獨自尋找黃河和長江的源頭，徒步幾千公里去新疆的喀納斯仰望星空，在麗江的酒吧裡彈吉他，在西安的大唐芙蓉園裡聽《大唐歌飛》，在成都的巷子裡品嘗傷心涼粉，在江南水鄉的庭院裡品茗暢談。

但他很少拍照，別說單眼相機，就連手機的照片都寥寥無幾。很多人勸他多拍點照片，上傳到社群網站，好歹算是留個紀念。他卻說：「我有時候很擔心，如果習慣拍照，反而會產生『回家再慢慢看也未嘗不可』的想法。一旦如此，旅行就會變成功課，而不是享受。因為對我而言，儀式不在遠方，也不在過去，只在此時此刻，此情此景。」

在他眼裡，儀式是連續走了好幾天的路，終於到達目的地時的熱淚盈眶；是清晨睡眼惺忪，晨光初照在臉龐上的歡喜愜意；是和同行朋友講了一整晚心事的惺惺相惜；是丟了錢包，好心人請吃飯並替他支付回家路費的無言感激。這些時刻彷彿已經融入生命，成為了他的一部分，即使沒有照片定格，也永遠不會被歲月磨滅。

或許，這才是擁有「儀式感」的最佳狀態，不刻意追求，不人為製造，不因擁有而狂喜，也不因沒有而抱怨。

我是個很迷戀儀式感的人，每年生日都會送自己一個禮物；領到第一筆工資時，買了一支很昂貴的鋼筆給自己；每次拿到稿費都會買一個限量公仔或換一支新款手機；每到一個地方，都去地標建築拍一張照片；吃每一頓美食前都要用手機拍照。

可是幾年過去，回頭看看，我最終記住的是什麼呢？

我發現，並不是那些大老遠買回來的紀念品，也不是手機裡的無數張照片，是熬夜用心寫的每一篇文章，是拿到樣書時的欣喜若狂。它們始終貫穿我的整個生命，不需要提醒、強調，甚至不用刻意回想。

我的人生終於還是因為那些生活中的小事而有所不同。它們沒有實體，不能觸摸，無法量化，但是比「第一次」和「一輩子」更加值得紀念的東西。我想起一位朋友很厚、很漂亮的手帳，上面捕捉了她生活中的每個小確幸。樸實的文字，簡單地用馬克筆畫的花邊。無須被任何東西美化，因為那些瑣事本身，就是最珍貴的儀式。

手帳，不需要花很多錢，只需要你分一點點時間給它。這位朋友告訴我，每次做手帳就是一個儀式，她用這種方式來表達敬意、紀念愛，來書寫對美好生活的嚮往、詮釋對過往的珍惜。這真的會為自己帶來幸福。

我們愈來愈融入快節奏生活的同時，也陷入了焦慮。步伐愈快，生活就愈粗糙，應接不暇的工作，周而復始的忙碌。我們是如此不堪一擊，想要重拾生活，卻積重難返。

很佩服那些懂得替生活增添情趣的人，再忙碌也堅持每天看幾頁書，再疲憊也堅持泡一杯茶，再趕時間也記得為自己準備美味……

他們保持健美的身材、得體的妝容，注重生活細節的儀式感，把生活的一團紛亂，編織成別具一格的景致。

儀式感不分高下，也不論好壞，也許每個人對它的定義不盡相同，呈現方式也不一樣，但最好的儀式感一定不囿於形式。我們不需要利用它向枯澀的生活宣戰，它存在的意義，就是讓我們愛上生活，讓生活變得更加有層次。

讓生活成為生活，而不是簡單的生存

我們每天有二十四小時，除了八小時的睡眠時間，還有十六小時用來工作和生活，這十六小時的經歷，是我們成長和進步的根源，也是生命歷程的重要記錄。如果我們能每天拿出一點時間對一天的見聞、行為和思考做個總結，每天就能進步一點，積累起來將會是了不起的成長。

據說上帝喜歡七這個數字，所以一週才會有七天，週日定為休息日。這樣，每週至少有一天可以從繁忙的工作或學習中抽離出來，去做些看似微不足道卻意義重大的事，以此來安撫那顆疲勞煩惱的心，以便有活力地去迎接嶄新的一週。

我們都是普通人，如此努力，不過是為了讓自己過得舒服一點，請千萬不要忘記初衷，別本末倒置地放棄生活中的所有快樂。

看過一則新聞：一位媽媽替孩子做早餐，三個月都不重複。試想照片裡的美食擺在面前，你會不會食欲大開、心情大好呢？

當然，吃不到葡萄說葡萄酸的也大有人在。許多網友說這媽媽肯定是有錢人，生活太清閒，普通人不可能做到。那位媽媽發文說自己並非家財萬貫，只是小康之家，堅持做早餐並不難，只要提前半小時起床，多花點心思即可。她還公布了每天的食譜，希望大家能用得上。這種生活態度值得讚賞。

那一年，我在文化藝術館學習圍棋，班上有一對姊弟，每次來上課都穿得非常正式，女孩穿小裙子，男孩穿小西裝。對此，大家總要竊竊私語一番，上個課幹嘛穿成這樣，費時又費事。

某次，一位攝影師來幫小朋友們拍家庭照，老師提前通知家長，希望盡量讓孩子穿正式服裝。那對姊弟一家精心打扮，彷彿出席重要的典禮，與旁人隨隨便便的牛仔褲、T恤形成了鮮明對比。因為服裝精緻，姿態得體，很自然地，攝影師舉著相機幫他們拍了很多張照片，記錄下他們學習、參加活動的各個瞬間。大家看到照片效果時都羨慕不已，後悔當初簡單應付了事。

有人覺得平凡很悲哀，可是對大多數人來說，平凡才是生活的原始面貌。生活不一定轟轟烈烈，但最好有條不紊。可嘆的是，有人拚命努力一輩子，最後不知道自己究竟是怎麼過來的，熱愛過什麼，追求過什麼，或者得到過什麼。這就是源於對生活儀式感的忽略，將就著過日子，將就著吃飯，渾渾噩噩，一輩子就這麼將就地過去了。

沒化妝就出門，也許會在下一個路口遇到一見鍾情的男子；穿著帶有汗漬的T恤出去倒垃圾，說不定會遇到自己心儀的女神。

生活有萬種可能，而儀式感有時會幫你促成。就算再普通的小事，只要帶著儀式感去做，就能從心理上重新定義。所以，出門前將自己打扮得美美的，剪個俐落的髮型，穿一套得體的服裝。相信我，不僅會贏得別人的尊重，自己也會萌生對生活的敬意，這一切都將不斷地給自己良好的心理暗示：今天真是美好的一天。

每天有二十四小時，除了八小時的睡眠時間，還有十六小時用來工作和生活，這十六小時的經歷，是我們成長和進步的根源，也是生命歷程的重要記錄。如果我們能每天拿出一點時間對一天的見聞、行為和思考做個總結，就能進步一點，積累起來就會是了不起的成長。

隨著大陸被譽為「最感人綜藝節目」的《朗讀者》漸受歡迎，主持人董卿的標籤從「央視名嘴」轉變成「氣質才女」。節目裡，詩詞歌賦、格言典故，她都能信手拈來。

在一次節目中，董卿被一對父女間的溫情感動，隨即朗誦了葉賽寧的〈我記得〉：「當時的我是何等的溫柔，我把花瓣灑在你的髮間，當你離開，我的心不會變涼，想起你，就如同讀到最心愛的文字，那般歡暢。」

還有一位選手說她的父親是盲人，卻從小教育自己好好讀書，董卿聽到後便馬上說了一句阿根廷著名詩人波赫士的詩句：「上天給了我浩瀚的書海，和一雙看不見的眼睛，即便如此，我依然暗暗設想，天堂應該是圖書館的模樣。」

這些都是董卿在沒有劇本的情況下，做為優秀主持人的臨場發揮。後來才知道，她每天在睡覺前會閱讀一、兩個小時，手機、平板電腦等電子產品堅決不帶進臥室，放在床頭的只有書籍。

有人問她，這樣的生活堅持十年、二十年，難道不覺得累嗎？

董卿坦言這就是自己的生活，就像每天要吃飯、睡覺一樣。有時候工作很累，回到家就想休息，但閱讀早已變成她的習慣，每頁文字都藏有美好等待她去發現，她喜歡從字裡行間探索生命的意義。

這是董卿為自己營造的小儀式，而她的堅持也有了最美的回報。

心理學家榮格曾說：「正常的身心需要一定的儀式感。」因為有了儀式感，原本沒有色彩的文字才會變得鮮亮富有生氣，那些充斥在生活中的瑣碎事物也才不再索然無味，回首一看，那些走過的腳印已經串連成了人生的歷程。我們的生活如此美麗，值得這樣莊重地對待。

儀式感是生活方式的延伸，全看我們願意為其付出多少時間。

儀式感的存在，如同在荒漠的人生裡綻放出點點新芽，最後連成一片綠洲。

比如開學時發下新課本，我們會認真地挑選好看的書套，精心地包好書皮，這是一種儀式；日本人吃飯前要對面前的食物說一聲「いただきます（我要開動了）」，這是一種儀式；在值得紀念的時刻打開日記本記錄當時的感受，這也是一種儀式。

一個個儀式就像生活的調味劑，把平淡的白開水一點點勾兌成酸甜可口的飲料，構成生活中的小確幸，讓人生變得有趣而豐盈。讓生活成為生活，而不是單純的生存。

生活不是用來對付的，而是要用心過好的。

張愛玲一生鍾愛旗袍，竟然沒人看過她穿褲裝。她自己動手設計旗袍的樣式並請裁縫師量身訂製。即使身在異國他鄉，經濟十分拮据的情況下，也從未放棄對旗袍的熱愛。這是屬於張愛玲的儀式感，一種風情萬種的精緻。

美食電影《喜歡你》中，金城武飾演的腹黑總裁路晉對食物異常挑剔，從食材到料理方式，甚至連進食時間都有嚴格要求。去別人家吃飯，除了自帶食材以外，還會自備桌布，即使是最樸素的房間也會被他營造出高雅的氛圍。這是屬於路晉的儀式感，一種同時滿足口腹與靈魂的挑剔。

普通人也有屬於他們的生活儀式，比如珍珍剛來北京時住在同學娜娜那裡。珍珍來之前，娜娜很少做飯，也很少逛街，房間裡甚至沒有一盆植物。珍珍來了之後，娜娜覺得有人陪伴的日子真好，做什麼事都很有興致。拉著珍珍去買了一盆花，鄭重其事地對花說：「你是我新生活開始的標誌，以後請多多關照哦！」娜娜說這就是她的儀式感，我聽了並不覺得矯情，反而覺得她很可愛。給生活增加一些儀式感，可以活得更精緻，讓疲憊的身心變得熨貼。

時光流轉，生命中讓我們牢牢記住的，正是那些有儀式感的經歷。然而絕大多數人平凡如你我，每天工作著、忙碌著，日子像流水一樣逝去。真正能在往後歲月裡一再翻閱的，一定是那些最特別的回憶。

據說，廚房可以判斷一個女人的生活品質。懂得生活的人會花很多時間在廚房裡，她們對待美食就像製作手工藝品，而不是把吃飯當成一項餵飽腸胃的任務。湯要精心熬煮，菜要切得均勻、富有美感，高品質餐具是必備，煮菜的每個步驟都有相應的廚具，絕不拿同一個湯匙混用。如此精細地籌劃著每道菜，好像在證明食物是有靈魂的，需要被溫柔對待。

一個人能從家庭、事業、社交中得到很多幸福，但真正令他長久幸福的關鍵因素，卻是發自內心、對待生活的態度。每個人都是一卷錄音帶，擁有播放任何一面的機會，只是這個翻轉錄音帶的動作，需要親自去試一試。

我小時候很喜歡吃魚，我媽和市場裡的魚販混得很熟。有天中午放學回家看到排骨，我就吵著要吃紅燒魚，媽媽只好打電話給魚販。電話那頭卻說：「不好意思啊！今天我要陪老婆過生日，不做生意了。」平日汲汲營營討生活的魚販，也懂得在老婆的特殊日子給她一份特殊的關愛，從而讓生活特別起來。

我的朋友謝凌雲，他的父母都是工薪階層。有次他媽媽要去參加同學會，逛街時看上一件大衣，卻因為太貴而捨不得買。他爸爸偷偷記了下來，第二天專程去買下那件大衣，當作禮物送給妻子。雖然花掉半年左右的積蓄，他卻很開心。

謝凌雲不懂爸爸為什麼要這麼做，爸爸告訴他，因為媽媽喜歡，因為媽媽穿上那件大衣很好看，還因為他能給妻子的並不多。他彷彿看到妻子穿著那件大衣去參加同學會時，被同學們稱讚後臉上泛起的笑容，比起這些，他覺得多花點錢也不算什麼。這是一個男人給妻子的儀式感。

我們被凡塵裡最普通的人感動，哪怕生活如此艱辛，在日夜勞動裡忘了抬頭看星星，卻依然不願怠慢那些特殊的時刻、那些值得紀念的日子和值得陪伴的人。在這份儀式感的映照下，平日的辛苦、委屈和壓力，得以被釋放和安撫。儀式，是讓平凡日子發光的魔法，也是我們對平凡生活的回敬。它提醒我們生命中重要的人和時刻，並讓我們從中感受到愛、希望和生生不息的力量。

大多數美好的回憶都和儀式有關

因為儀式感，你才記得那天的陽光和白雲，他身旁的微風和眼中的光芒，每個女孩子都嚮往一場浪漫的婚禮，對很多細節有特別的要求。在儀式上彼此許下愛的誓言，一生中記憶最深的莫過於此。

明星李小璐辦結婚典禮時，宋丹丹曾在微博上祝福，並且感慨萬千。她說：「參加小璐的婚禮，好幾次眼淚湧上眼眶，突然明白我為什麼會有三次婚姻——因為從來沒有一次像樣的婚禮。女孩們，別怕麻煩，一定要有個像樣的婚禮！要當眾的那份承諾，要許多人的祝福……」

有位主持過一百多場婚禮的司儀很認真地說：「我一直主張婚禮要有儀式感，要展現出我們對於內心情感的尊重！」

他的話讓我想起黃磊在一集節目裡對未來女婿的提前喊話。他說有次去參加朋友女兒的婚禮，朋友在婚禮當天傷感地說：「都說女兒是爸爸的小棉襖，沒想到這麼快就掛到別人家的衣櫃裡了。」擁有兩個寶貝女兒的黃磊感同身受地哭了，他說：「我也經常幻想女兒出嫁的畫面。但是如果那個男的對我女兒說不辦婚禮，我就會告訴我女兒：不要嫁給他。連那樣的儀式都沒有，我覺得是不對的。」

因為儀式感，你才記得那天的陽光和白雲，他身旁的微風和眼中的光芒，每個女孩子都嚮往一場浪漫的婚禮，對很多細節有特別的要求。在儀式上彼此許下愛的誓言，一生中記憶最深的莫過於此。

婚禮對於愛情究竟意味著什麼？

有朋友告訴我，婚禮就是愛情裡最重要的儀式，是我們在這場感情裡投入的心思、精力和努力的表現形式。

然後她反問我：「你有沒有發現，現在人與人的感情變得不那麼可靠。為什麼人心說變就變？」

我搖頭，她笑著告訴我：「難道你不覺得是因為我們為愛情付出的愈來愈少，愛情的成本變得愈來愈低。而人類的本性偏偏就是付出愈少，愈不珍惜，很自然的，我們開始把不勞而獲的感情不當回事。」

她雙手比劃著，慢慢講述幾個生活片段：好比一個男孩看上一個女孩，他就直接問：「妳願意當我的女朋友嗎？」如果被拒絕了，男孩就馬上轉移目標，心想，真是不知好歹，本少爺有的是女人愛。

比如在聖誕節，女朋友想要一份禮物，男朋友卻說：「不就是個外國節日嗎？需要這麼在意嗎？還要花錢。」這時女孩就算嘴上不說，心肯定也是涼的。

再有，男朋友第一次拜見女方父母，如果空著手去，女朋友不高興不說，女方父母也會覺得男方太沒有禮貌，甚至否定他的人品。

還有求婚儀式，曾經看過一個場景：男孩直挺挺地站在那裡問女孩：「妳願意嫁給我嗎？」周圍的人起鬨要求男孩跪下，他卻憤怒地說：「男兒膝下有黃金，能求婚就已經不錯了，再屈膝就是踐踏我的自尊心。」結果，好好的一個求婚，卻弄得不歡而散。

就算是結婚多年的夫妻，有些儀式也是要有的，比如結婚紀念日。如果老婆想吃頓燭光晚餐，準備紅酒配牛排，老公卻說：「你都是孩子的媽了，怎麼還一天到晚想著這些沒用的啊？」這樣長期地忽略生活中的情感儀式，最後的最後，老婆和老公的感情就會愈來愈淡……

這些，在我們身邊時有發生。絕大多數人只是每天不斷工作著、忙碌著，看著日子像流水一樣飛快地逝去，伸手抓之不及。我們在這樣的日子裡，著急戀愛，著急升職加薪，著急結婚生子；我們總說時間不夠用，總幫自己找藉口，總是不認真對待和享受自己的感情；我們慢慢地把愧疚變成遺憾，又任遺憾雪上加霜。最後生活被過成一潭死水，而我們還抱怨它的無趣、無聊。

有一句話很適合用在這裡：好的生活各有不同，不好的生活卻大致相似。

大部分人對生活都是沒有自覺的。他們匆匆忙忙地活著，卻不知道為什麼活著，也沒有想過應該為自己的生活負責。只有儀式，才能夠提醒他們。

什麼叫自覺呢？就是你知道這是自己的生活，而會主動去思考、評價、塑造它。如果不具備這樣的自覺，就容易將自己看成生活的傀儡，或者直接失去「我」，人家工作了，你便工作；人家說該結婚了，你就結婚；說該生孩子了，你就生孩子。

或者你又太自覺了，自覺地把所有經歷都花費在追逐一些身外之物上，比如名利，比如成就。

圈子裡一直流傳著L姐的故事，預產期當天，她還在辦公室和同事開會，陣痛開始時，她喊著：「今天一定要有個結果！我現在搭計程車去醫院生小孩，等出產房的時候，希望能收到今天會議記錄的電子郵件。」

請相信，她就是這麼拚，平時更是輕傷不下火線。但L姐產後身體一直不怎麼好，甚至在陪客戶喝酒應酬時誘發了胃出血，醫生說必須住院觀察一週。病房裡，她的臉色非常憔悴，即使這樣，還在擔心工作，對來看她的同事們說：「公司最近在創市優專案，我這一病要落後多少進度？」

同事們很關心她，想讓她多休息一下，都對她說，這個世界少了誰都沒關係，地球沒有妳也照樣公轉、自轉。公司沒有妳，自然有人會分擔妳的工作，現在就好好養病吧！

L姐還是心有不甘，主治醫生來時，她反覆問了很多次，可不可以早幾天出院。醫生很無奈地用一種近乎心如死灰的眼神對她說：「妳命都快要沒了，工作做得再好，錢賺得再多又有什麼用？」

L姐是個名聲在外的工作狂和「拚命三娘」。常常忙得廢寢忘食、筋疲力盡，不僅業務做得好，同事關係也很融洽，深受上司喜歡。

其實兩年前她就曾懷孕，卻堅持頂著大太陽去實地現場檢查工作，結果不幸流產。而且，流產的第二天，她就強悍地去公司上班，堅決不休息。

L姐以為這沒什麼，但醫生告訴她，她的身體受到了很大的損傷，就連懷孕的機率也隨之降低，她卻執迷不悟。幸好，她又懷上了，這次總算稍微保養了自己，孩子生了下來，卻因體重不夠，在保溫箱裡待了整整一個星期才出院。

生活中，無數人為了工作犧牲吃飯、睡覺的時間，犧牲與家人相伴的時間，甚至長期通宵達旦地加班，根本談不上擁有生活品質。於是愈來愈多人努力了一輩子，也落了一身病，晚年幾乎在病房裡度過。他們從來沒有享受過生活，年輕時沒去過哪，年紀大了走不動了，除了帳戶裡可能會有一大串數字，什麼美好的回憶都沒留下。

我媽媽就是個特別重視儀式感的人，小時候家裡並不富裕，但過年時，媽媽一定會買新衣服、新鞋子給我。我知道有時她手頭很緊，就連我爸都會說，不然先別買了，有得穿就好。可媽媽總是說，過年了，再怎樣也要讓孩子穿新衣。於是，每個新年我都會穿著新衣、新鞋，乾乾淨淨、整整齊齊地去向親朋好友拜年，真切體驗過年的溫馨。

除了新衣、新帽，我還有其他的收穫。每年除夕早上睡醒後，我都會把手伸到枕頭下面，那裡一定會有一個媽媽給的過年紅包，裡面裝著壓歲錢。這筆錢我可以任意使用，通常我會買一些心心念念很久的東西，如煙火和鞭炮、好看的小說，還有好多零食和嶄新的文具。直到現在，我還是很懷念小時候拿壓歲錢的日子。

除夕那天，媽媽很早就會把家的裡裡外外都打掃得乾乾淨淨，然後念念有詞地在大門上貼對聯，在玻璃窗上貼紅紅的窗花，花瓶裡也插上幾枝特別去花市買來的幽香臘梅。看著裝飾溫馨、年味濃郁的家，我的心情也隨之煥然一新。

有幾年，我們常常搬家，無論搬到哪裡，媽媽依然年年不停地買對聯。她長得不高，買的對聯卻很大。爸爸嫌麻煩不肯貼，媽媽就自己搬椅子，小心翼翼地站上去貼。

我納悶地問她：「幹嘛一定要買這麼大的？貼起來好麻煩。」

媽媽對我說：「過年嘛，討個吉利，貼滿了第二年才能好運旺旺來！」

小時候的我聽得似懂非懂，長大後才明白，那是媽媽對生活的一種儀式感，帶給她對新一年的希望和熱情。

我是農曆十二月十八日出生的，正值冬天，每年生日媽媽都會在早上煮個雞蛋，中午下一碗長壽麵，然後在叫我起床的時候，拿雞蛋在我身上滾一滾，一邊滾一邊念念有詞：「滾一滾，霉運去；滾一滾，好運來。」在我吃麵的時候，她會一直守在旁邊，不斷叮囑我，千萬不能把麵條咬斷，要長命百歲，長長久久。這些一年一次從不忘記的儀式深深地刻印在我心裡，以前並不覺得怎麼樣，長大離家之後才發現，原來這些程式化的儀式，正是不善言辭的媽媽所能表達的，全部的愛。

所有美好的記憶都和儀式有關，從我們每天起床開始，到一天結束；從年初開始，到歲末結束；從出生開始，到終點結束。日子常常快得來不及細數，如果每一天都只是急著向前奔跑，到最後才恍然發現我們能握住的少之又少。相反，慎重地對待每一天、每一刻，用儀式感豐盈生命，豐盈愛的表達，我們才會被滿滿的幸福包圍。

別對什麼都不屑一顧，別羞澀於表達，尤其是對家人、愛人。他們需要你認真地對待，愛不僅需要傾聽，更需要傾訴。用豐盈的儀式感，表達你的敬意、愛意，和你對美好生活的嚮往，這會帶給自己和你所看重的人最圓滿的幸福。

如果你相信，人的精神世界遠比外界環境更能決定一個人的幸福感，那麼請相信我，真正值得我們在經年累月中一再翻檢的，一定是那些儀式感帶來的，特別的回憶。

儀式是一條線，幫你區分過去和將來

我們可能不知道一件事怎樣開始，怎樣結束，卻可以透過一個又一個儀式告訴自己，我們對於那些事的參與，在何時開始，於何時結束。只有這樣，今後在緬懷這段往事時，才能清晰地從一個端點撫摸到另一個端點，而不是混亂和迷茫。

人類民族研究學家阿諾德·范傑納（Arnold van Gennep）在其代表作《透過儀式》中，首先提出了「儀式」這一概念。他認為人的生命存在一個階段向另一個階段的轉化，在轉化的過程中需要經歷一個儀式。人從某一群體到另一群體，從某一社會地位到另一社會地位的過渡，被視為現實存在之必然內涵，因此每一個個體的一生，均由具有相似開頭與結尾的一系列事件所組成：誕生、成年、結婚、為人父母、上升到一個更高的社會階層、職業專業化的確認，以及死亡。其中每一事件都伴有儀式，其根本目標相同：使個體能夠從一個確定的境地過渡到另一個同樣確定的境地。

前一陣子表弟找我借衣服，說升到高三後，學校將為學生舉行「成年禮」。我笑了，因為表弟入學比較晚，此時他早就滿十八歲了，不管是在法律上還是在生理上，他都已經成年，但學校還是要求他必須參加。並要求每個學生至少有一位家長陪同，而且得盛裝出席。表弟參加完活動後，發了文，說自己終於長大了。從照片裡可以看出，學校為這次的「成年禮」花了很多心思，現場布置得很漂亮，來的人也很多。表弟非常高興，一連發了很多現場照片，包括各種裝飾、簽名板、紅毯、盛裝出席的人，以及他們臉上鄭重的表情。直到他來還衣服的時候，興奮感都還沒退去，不停地說，他覺得很奇怪，走過鮮花裝飾的成人拱門時，突然發現自己一下子長大了，是一個有責任、有擔當的人了。從表弟的眼中，我清楚看到一種對未來滿是期待的光芒。成長往往就在一瞬間，一個鄭重的儀式，神奇地讓孩子們長大了，沒有辜負學校煞費苦心地為學生們舉辦「成年禮」。

朋友微微講過一件讓我印象深刻的事，有次她男友和另一個女生吃飯，儘管她知道他們只是普通朋友關係，還是沒來由地覺得不舒服。於是，微微一直在通訊軟體上對男友無理取鬧。沒想到的是，男友居然封鎖了她。

微微說，很多男生都不懂，封鎖一個正在生氣的人是最錯誤的決定，這種行為就像是一根導火線，能瞬間點燃對方全部的憤怒。她完全不顧當時已經深夜，翻箱倒櫃收拾好男友所有的東西，然後花了幾百元搭計程車，準備跨越半個城市趕到男友家裡，氣勢洶洶地把東西一股腦都丟到他臉上！

我很八卦地問：「妳真的都丟到他臉上了嗎？」

微微笑了，她說幸虧那段路很長，她看著路邊一盞盞昏黃的路燈向身後閃去，夜風輕拂，漸漸吹散了她的怒氣。但她還是要去，要對方給她個說法，哪怕絕交，哪怕分手，哪怕再也不見，總之必須要有個底！

我又問：「妳這麼『千里迢迢』地趕過去就是為了和他分手？」

微微很認真地告訴我，那要看他了，如果我去了他挽留我，我就不分；如果不留我，那就真的再見，不，再也不見！

她趕到的時候，男友居然在知道她來了的情況下沒有出門接她，好在他的解釋過了關，他說怕微微在社區門口就把東西交給他，然後頭也不回地走掉！他不知道會發生這麼天翻地覆的事情，他只是想給雙方一點時間好好冷靜，明天再把微微從黑名單裡拉出來。

微微見到他，用力推了他幾下，又罵他幾句，氣就已經消了。然後兩個人牽著手去買水果，借著昏黃的燈光在路邊聊天，直到天色微亮。他幫她叫了一輛計程車，她抱著來時帶著的一大包東西在晨光的照耀中回家了。

我無奈地搖頭問她：「妳覺得做的這一切不可笑嗎？有意義嗎？」

微微鄭重地對我說：「當然有！這是屬於我的愛的儀式！透過這些不能解釋其具體原因的行為，讓我看清了自己對他的情感，讓我表明了對愛情的認真，也表明我是真的愛他。與此同時，他透過我的所作所為了解我對這段感情的重視！當然也許，我是說也許，」微微向我強調，「也許他不是最後那個陪我走完一生的人，但我相信，今後想起他、想起這段感情的時候，我會無怨無悔，因為曾經努力地爭取過這份愛！有時候，那些傻事就好像一隻隻小小推手，能助我們更好地昇華一段情感，所以我相信，今天之後，我們的感情會和昨天不一樣！」

愛情需要很多儀式般的行為，慢慢接近和探索，慢慢加固和昇華，有霸道也有忍讓，愛情就是這麼麻煩，在真正動情的時候，誰都逃不過去。當愛情終於修成正果，情侶步入婚姻殿堂時，只是人生的又一個起點，還有餘下的歲月要繼續在這份感情裡跌跌撞撞，我們無從逃避。

很多人覺得婚禮那麼麻煩，不過是個形式，為什麼還要辦？好朋友杜宇諾以過來人的身分告訴我，因為我們需要一條線來劃分過去和將來。並且告訴自己，真的要從只對自己負責，跨入為整個家庭負責的生活了。

有很多人害怕婚禮，討厭那些繁文縟節，不想像玩偶一般被人擺弄，無法理解兩個人的感情為什麼要和不相干的人糾纏在一起。

杜宇諾說，以前他覺得根本不需要一場婚禮，無法理解為什麼要投入那麼多精力與金錢去折騰給別人看。可是，遇到想娶的人以後，忽然發現必須給她一個交代，在走入婚姻之前，他們需要一場正式的婚禮。

他結婚那天早上六點就要起床，比平時上班還早一個小時。新娘子比他更可憐，凌晨四點就要起來化妝，化新娘妝居然需要三、四個小時！

杜宇諾到新娘家迎娶時，化妝師在定妝之餘還不忘千叮嚀、萬囑咐，妝容不能沾水，等一下新娘子千萬不能哭，一哭妝就花了，就不完美了！

杜宇諾聽完就忍不住笑了，誰會哭啊？又不是從前，娘家、婆家隔著萬水千山，婆家不同意，兒媳婦就不能回娘家。還真以為嫁出去的女兒就成了潑出去的水？

但是沒一會兒，他就發現自己錯了，當他站在新娘面前，跑調地唱著那首陳奕迅的〈穩穩的幸福〉時，新娘就忍不住了，哭得稀里嘩啦，妝全花了。但是杜宇諾卻覺得化妝師說得不對，哭花了妝的她，沒有不完美，相反，此時的她真情流露，簡直就是美上了天。

舉辦代表著走入婚姻生活的婚禮，不是因為主人喜歡熱鬧，也不是為了比較，而是因為在婚禮喧鬧的氣氛裡，在夾雜著複雜、浮誇、歡喜、悲傷的氛圍裡，你能更加沉靜，並第一次清楚體認到，從此以後她把自己託付給你；你將負責她的後半生，她將在眾人見證下，與你的生命真正重疊。在這場儀式裡，你會有深刻的感受。

時至今日，我始終記得客人散去後，杜宇諾嘆了口氣說：「婚禮原來這麼奇妙！起初我們以為會特別厭煩這種世俗的喧鬧，但在自己的婚禮上根本看不見那些喧鬧。不管這場婚禮有多少人真心祝福，哪怕來賓只關心場面夠不夠大、菜色夠不夠好、菸酒夠不夠高級、誰家更有錢、誰家新娘更漂亮、抑或八卦夠不夠門當戶對等，你都無需在意。只有經歷這場喧鬧，你們才能照見彼此的真心。這一刻，在那些浮躁的熱鬧裡，你們反而會前所未有地冷靜，在彼此目光相交時，認定了你們的人生。」

結婚需要儀式，離婚也一樣。曾有這樣一件事，據說後來還被搬上了大銀幕。一對中年夫妻到了法院，他們穿著喜慶的情侶裝，帶著身分證和戶口名簿，有說有笑地在離婚協議書上簽了名，並當場幫對方摘下無名指上的戒指，再把結婚證書一分兩半。

他們是來離婚的，鄭重結束他們的婚姻。在法官不解的目光中，他們解釋道：「與其被離婚搞得千瘡百孔，不如這樣和平分手。」

他們選擇用一場分手儀式來結束婚姻，禮貌友好地互說再見，紀念他們曾經愛過。對於他們來說，儀式感讓他們光明正大地和過去決裂，給自己一個契機，然後重新開始。

有開始就會有結束，而儀式感可以證明那些歲月存在過，它讓生命變得有跡可循，在看似波瀾不驚的生活裡幫你創造回憶，記錄稍縱即逝的瞬間。生命中那些能牢牢記住的時刻，正是擁有儀式感的部分。

很多人在大學剛入學都做過一件事，列出一件件畢業前要完成的事：談一場轟轟烈烈的戀愛、英語檢定要過中高級、單獨去旅行一次、去看一場喜歡的歌手的演唱會……甚至，畢業離開學校時要狠狠地來個告別；在離開校園的前一晚，和好朋友一起徹夜不眠；拋開顧慮盡情地喝酒；空曠的夜裡，站在操場上放開喉嚨、流著眼淚大聲唱：

我們曾經終日遊蕩在故鄉的青山上，
我們也曾歷盡苦辛到處奔波流浪，
友誼萬歲，朋友，友誼萬歲，
舉杯痛飲，同聲歌頌友誼地久天長……

不管最後這些事有沒有完成，至少我們曾經真誠地為之努力過。儀式感讓我們對自己的生活不敷衍。

結束然後開始，開始再次結束，生活就是這樣周而復始。

這一年的年頭與下一年的年尾，本質上來說是一種「閾限」的狀態。跨年，就是一場把時間奉為座上賓的儀式。這個儀式在使用西曆的今天，甚至比傳統農曆新年更具符號意義。鐘聲敲響十二下，我們從舊年走到新年。用對這一時刻的重視來演繹我們的人文記憶，儘管這一時刻在時間軸上與其他時刻並無不同。

已經過去的每一天、每一小時、每一分鐘和每一秒，都是時間的流逝。這種流逝隨時隨地、永不停息，我們也不太在意，但是在跨年的這一刻，我們卻無比重視它。總結自己在過去的一年做了些什麼；給新的一年設立嶄新的目標；還有人偷偷地在日記本裡寫著明年要做些讓別人大吃一驚的事；有些人則在動態牆上對大家說，他們打算把去年決定的、前年打算做的、大前年來不及做的，甚至N年以前的新年計畫統統在新的一年裡全部完成，雖然是在自嘲，但未嘗不是一種自省。

有些人會去參加跨年煙火盛會，在人群中大聲倒數「三、二、一」；也有些人只是刻意晚睡了幾分鐘，看著秒針滴答走過十二點，看手機的時間顯示變成新的一年，然後默默在心裡對自己說：新的一年，一定要加油哦！新的一年，好好過！

跨年不是人生的分水嶺，這個時刻很少會有特別重大影響人生的事情發生，但不得不承認，這確實是我們最常紀念的時間點。

我們可能不知道一件事怎樣開始，怎樣結束，卻可以透過一個又一個儀式告訴自己，我們對於那些事的參與，在何時開始，於何時結束。只有這樣，今後在緬懷這段往事時，才能清晰地從一個端點撫摸到另一個端點，而不是混亂和迷茫。

即使在這個城市居無定所，即使搬了很多次家，我也會在搬入新居收拾妥當以後，在房間顯眼處擺上自己喜歡的模型，在牆上掛上喜歡的幾幅畫，這樣我就知道，這裡是家了，至少暫時不會被風雨侵襲。

看到掃墓的人們把鮮花放在墓碑前，我知道，逝者已矣，悲傷必須轉化為懷念。遇到喜歡的人，我會說想要和她在一起，就算被拒絕或日後分手也不會後悔。至少我有付出的勇氣、全身心奉獻的精神和斬斷情絲的決心。

不是這世界變化迅速，也不是生活節奏太快，只是我們常常忘記慢下來。哪怕只是把東西布置整齊，也是一種儀式。那些生活中的小東西，原本就應該出現在它該出現的地方，向來如此。

我們總需要一些儀式來開始或者結束些什麼

有些東西，我們可以大言不慚地說不重要；有些儀式，我們可以讓自己不小心錯過。可是，你忽略的那些經歷其實很重要，你錯過的也許是生命裡最值得銘記的感動和憂傷。

在物理學中，力是相互作用的。在生活中，人與人的關係同樣也是相互作用的。那些來過的人、離去的人，相知或相忘，相伴或永別，會帶走些什麼，也會留下些什麼。

前任說，和我分手後，她會封鎖我的通訊軟體，刪除電話號碼，照片合影之類的東西都燒掉，電腦、手機的記錄全部清空。我用過的毛巾碗筷、睡過的床上用品、穿過的拖鞋、我送她的禮物統統打包，直接扔進樓下的垃圾桶。還要花大錢請專業清潔公司來個大掃除，之後還要消毒，徹底清除關於我的所有痕跡……

我覺得她這樣做很好，要斷就斷得乾乾淨淨。雖然我嘴上說會和她做同樣的事，但私下裡我把所有和她有關的東西，都封存在一個箱子裡，放在房間平時不會觸及的角落。也許有一天會再次打開它，也許我一輩子都不會再看一眼。這是某年某月的某一天，我和前任和平分手以後，各自的決定。

收拾東西的時候，我不是沒有嘲笑過自己，為什麼非要這樣惺惺作態？後來我發現，如果什麼都不做，就好像沒有給這段感情一個交代，心裡總是有些牽掛。最後一次見面時，我問她：「可以最後抱妳一次嗎？」

她問我：「怎麼，你不會還有點不捨吧？」

我老實回答她：「沒有。只是無可否認，妳變成了我的曾經，說要完全忘掉，那是騙別人，也是騙自己，我會盡量不再想起妳。但是，我確實需要這樣一個簡單的儀式，和曾經的愛做一個正式的告別。然後再見，即再也不見！」

求愛需要一個儀式，不然就是輕薄；分手也應該有個儀式，不然就是逃避。我一直這麼認為，所以讓她先走，看著她的背影慢慢消失在人群裡，然後轉身回家，盡量忘掉關於她的事情。

回家路上，我打電話把分手的事情告訴老媽。她在電話那邊不停嘆氣：「怎麼又分手了啊？你這個樣子什麼時候才能結婚？你說我到底什麼時候才能收回我給出去的那些禮金啊？」

我連忙問她：「到底是我的幸福重要，還是妳的禮金重要？」

老媽很誠懇地告訴我：「幸福重要，禮金也必不可少啊！就說說杜宇諾和關爽吧，那夫妻倆從結婚到生子，現在又懷了第二胎，你可是一次都沒有錯過！人家沒有機會還禮，你不能不給大家這個機會！而且你究竟知道不知道，你們這代人結婚純粹是等於斂財！斂財這麼好的事情還不趕緊做，等著做什麼？」

送出去的總要有機會拿回來，才符合大多數人所謂的禮尚往來，但是對我來說，結婚不是為了有一天能拿回那些禮金。一直覺得結婚是我自己的事，何必在乎別人是否參與。但是老媽也說了，不需要你大茶小禮，三媒六證，可是至少要有一個結婚的儀式，就算簡單，也要穿上禮服，站在紅毯的盡頭，等待你美麗的新娘，穿著象徵純潔的婚紗、在親友們的祝福聲裡，緩緩向你走來。這是你對所有親戚朋友的尊重，也是你對新娘的責任，以及對養育你的父母的一個交代！

也許很多人覺得，辦滿月酒、百日酒毫無意義。但是一位媽媽對我說，她要借此機會告訴大家，她的寶寶來到了這世界。

有生，就一定有死。最遙遠的距離是永遠，最沉重的痛苦是失去，而最不能原諒的遺憾是錯過。直到如今我依然在祈求原諒，原諒我錯過了生命裡兩個非常重要的人的死亡。

抱歉，我用了「錯過」這個字眼，說實話，我認為「錯過」就是理性占據了上風，是該用情感的時候動了頭腦。這種選擇的過程相當殘酷，也十分痛苦，這種痛大多數人都能明白，卻無論如何都不肯承認。我真的情願沒有這樣的錯過！

有個醫生朋友告訴我，流血和傷口都不可怕，可怕的是疼痛，所以用了麻藥以後，他可以不用顧忌病人的感受，只信任自己的專業。而我真心覺得，清醒才是這個世界上最苦的藥劑，因為它產生與麻醉藥完全相反的作用，所謂生不如死、痛不欲生說的就是這種情況，只是有時候也不得不忍受殘酷現實帶給我們的刻骨銘心之痛。

我怎麼能忘記，爺爺彌留期我沒在他身邊這件事情。

我清晰地記得，自己一通電話接一通電話地打過去詢問情況，在化妝間的時候、在機場候機的時候、在凌晨三點鐘的時候，我甚至覺得那兩天自己有些不正常，總是懷疑他沒有嚥下最後一口氣，他在等我，而我卻因為合約在身，還在鏡頭前強顏歡笑。

有時連我都覺得自己好殘忍，我問自己：打電話過去，究竟是為了什麼？為了關心？為了放下？抑或是為了得到他永遠閉上眼睛的消息？

媽媽對我說，現實真的很殘忍，所有人在爺爺彌留期匆匆趕來，在門外等待，只為了等他死去。而凌晨一點多，我接到爸爸的電話時，他幾乎是用盡全力保持著冷靜，告訴我：「爺爺走了，他的事情我會處理。你知道就行了，快睡吧！不要影響你的工作。」可我如何睡得著？

外公去世的時候，媽媽也是最後一刻才告訴我：「你外公在×月×號走了，過幾天就要下葬，你有時間可以回來，我替你買了花圈，我們不勉強你。」我的父母都太理性，因為他們知道我對事業的態度與執著。為了我所嚮往的事業，他們掩飾了死亡，掩飾了外公和爺爺的死亡。但這何嘗不是他們愛我的表現！

外公得的是喉癌，最後的日子裡喉道插著管子，每天只能灌一點流食進去，媽媽告訴我，外公最後幾天總說疼得受不了。

可是子女又能做什麼呢？

一切都是那麼無奈，我想，與其這樣痛苦，還不如有個痛快的了斷！但是就算外公自己提出這個要求，也不會被允許。

有時候，人生就是這麼無奈，我們連自己什麼時候死去，都無法選擇。

我們只能等待，等待疼痛熬乾生命最後的一點生機，等到病魔抽走血管裡最後一分活力，等到時間煎熬我們細數的一分一秒，才油盡燈枯永遠閉上眼睛，含淚告別、永遠逝去。我爺爺當時是心臟衰竭加肝病等併發症，醫院已經不收了，但是在生命最後一刻，他說還不想死，說想看著我結婚生子；他要我爸爸在北京買更大的房子給我；他告誡爸爸，兄弟姐妹之間無論有什麼問題都不要吵架，要一起照顧這個家。

他在生命最後一刻，掛念的還是這個家。他不想死，因為他對這個家還有那麼多期待。他一生堅持做自己認為對的事情，讓家庭和睦，親人間不要有任何紛爭。

他還是沒有看到我結婚生子，我為此遺憾，也為此抱歉，但我相信，爺爺會一直在天上看著我，看著我努力，看著我幸福快樂。

有些東西，我們可以大言不慚地說不重要；有些儀式，我們可以讓自己不小心錯過，可是你忽略的那些經歷其實很重要，錯過的也許是生命裡最值得銘記的感動或憂傷。

我們需要一些儀式來開始或者結束些什麼，范傑納將所有的儀式都概括為「個人生命轉折儀式（包括出生、成年、結婚、死亡）」和「歷年再現儀式（例如生日、新年、節日）」，並將這些儀式統稱為「過渡儀式」，同時還提出了儀式過程三段論，即隔離階段、閾限或轉換階段、重整階段。

簡而言之，人生本無意義，人們卻可以替自己的生命賦予意義。人們透過儀式和儀式感賦予人生和宇宙無數的意義，使人本身顯得具有價值。但是在這個如此缺乏儀式感的世界裡，我們往往會失去很多機會。

很多人討厭婚禮，討厭葬禮，討厭那些繁文縟節，認為所有的客套都是假惺惺，所有的祝福都無關要緊，所有的節哀都是你永遠也不懂我的憂傷。殊不知，在這些繁雜裡才能照見簡單，在一切世俗中才能照見脫俗，在一切喧鬧中才能照見沉靜。因為只有這樣，才能在人生的種種儀式中繼續找到自己、堅守自己、懂得自己。不然就會被繁雜世俗的喧鬧給淹沒，忘記了來路，也看不清去路。

我們最終都要離開這個世界，這是人生唯一必然的結果。所有儀式都是人生的一個過程，在我們朝著結果去的路上，要讓自己幸福快樂，把人生的每一個儀式當成一種經歷的積累，而不是一個結束。

我們需要儀式來開始或結束些什麼。所以從明天起，我起床後會先穿好衣服，認真洗漱；然後喝一杯蜂蜜水，在輕音樂的陪伴下用心吃早餐；多吃蔬菜，少吃多油食物和垃圾食品；中午吃完飯站立一刻鐘，下午一點半睡個午覺；每天看一個小時的書；走路記得靠右；週末和家人通一次電話……讓自己擁有健康的生活和穩定的價值觀。

我會鄭重地告訴自己，就算一件事情沒有抵過挫折而最終走向完結，仍要認真並懷抱希望地迎接下一個開始。儀式感正是讓我們相信事件的確定性、並產生安全感的工具。我始終相信，擁有儀式感的人不是矯情地非要去把握一些虛無縹緲東西，而是相信生活一定會帶給他們滿足，所以，也比別人更容易感知幸福。

PART 2

把時光的美好收集在身邊，用朝聖般的儀式開啟每一天

如果沒有儀式感，昨天和今天有什麼區別呢？

真正的生活品質是回到自我，清楚衡量自己的能力與條件，在有限的條件下追求最好的事物與生活。在外，有敏感直覺找到生活中最美好的東西；在內，則能居陋室而依然創造愉悅多元的心靈空間。

攝影師濱田英明為自己的孩子製作了一本網路相簿，從妻子懷孕開始就不間斷地更新，人們可以很清晰地看見他們的生活。看見時間在他們的生命裡緩緩流淌，他們的生活慢慢由兩個人變成三個人，孩子在成長，他們在慢慢變老，日子一直在繼續，相簿更新也一直沒有停。

濱田英明給這個相簿取了一個很貼切的名字：我懷著對未來的憧憬，捕捉過去。他說，假如我能活到七十歲或者更久，那個時候回頭看我拍過的這些東西，會有什麼樣的感受呢？一定是無法用語言來表達的吧！

和濱田英明的相簿一樣，我們的動態牆也是記錄生活的一種工具。但說實話，有時候我真不喜歡動態牆這個東西，大多數人只會把最美好的一面展示出來，即使偶爾發些煩惱和不愉快，也不過是吐槽或傾訴。今天做了什麼、去了哪裡旅遊、吃了多少山珍海味、我和愛人手牽手漫步、我孩子熟睡的時候真的很可愛……即使不開心，也要有一個不開心的理由；我吐槽是希望大家能和我同仇敵愾；我這裡下了大雨，你那裡是否天氣晴朗？

看完別人的動態牆以後，是不是恍惚覺得他們的日子每一分每一秒都既有意思又有意義，無比充實。可是沒有道理啊！人生總有一些時間是放空的、發呆的、無聊的，甚至沒有任何意義。比如你會為了減肥在社區裡一圈又一圈地走，把衣櫥重新整理收拾，撥打電話給朋友們，淡淡地聊幾句……

有時候我會和朋友們抱怨日子無聊，幾乎所有的朋友都不相信。他們說，你無聊可以寫書，可以畫畫，還可以做手工，有那麼多的事可以做！沒錯，我們可以在無聊的時候幫自己找些事情做，可偏偏所有會的事情、擅長做的事情，在無聊的時候都不想做，真是無奈得很。

朋友無話可說，鄙視道：「你這叫自己難為自己，說難聽點就是愛折騰自己！」

沒錯啊！我承認，可是誰不是呢？

誰不是這樣過日子的？有時歡喜有時愁，大多數時間都覺得自己過得毫無意義。誰又不是在某些事情上重複了一遍又一遍後開始膩煩，包括做愛做的那些事，無聊也是自找的，怨不得別人。所以，我是不是應該在平凡的日子裡，給自己找些新鮮感。

我曾經問過朋友，有沒有專屬於自己的儀式感。

有人告訴我，他習慣每天將車子在停車位上停穩後，打開車載音響，閉上眼睛靜靜地聽上十分鐘。聽什麼不確定，有時是喜歡的歌手CD，有時僅僅是交通廣播節目。只聽十分鐘，時間一到準時提包下車，然後在夜色中快步走回家。無論多晚，家裡都會亮一盞溫暖的燈等著他。

有位全職媽媽大大的手提包裡，除了孩子的奶瓶和紙尿布，還有一套簡單的水彩畫具，這樣，她就可以在緊張的生活中忙裡偷閒畫上幾筆。每次翻開畫冊，在一頁頁五彩斑斕的圖畫世界裡，彷彿可以看到平凡生活之上的烏托邦。她還會在週五下午把孩子們送到爺爺、奶奶家，自己穿上好看的衣服，化淡淡的妝，不開車也不搭計程車，就坐著公車在城市裡轉悠。一個人吃飯、喝茶、看電影，就像沒結婚、沒生孩子時那樣，不疾不徐，享受屬於自己的自由時光。她說，女人就是要有一些時光用來浪費，用來滋養自己。進入為自己設計的特定儀式，你會發現，因為愛自己，心地變得柔軟，生命變得與眾不同。

于丹曾經在《人間有味是清歡》一書中說，在一天的時光當中，她最愛的是斜陽照亮的光陰。接下來，她講了一個從落日餘暉中得來的感悟。

一次在朋友王先生家作客，晚餐後和朋友夫婦一起欣賞斜陽。突然，王先生問她：「一個月前的今天，這個時候，妳在做什麼？」于丹拚命回憶，但確實想不起來一個月前的這一天傍晚是不是在家裡，甚至都不太確定是不是在北京。於是王先生又問：「那麼，十天前的這個時候，妳在做什麼？」于丹再努力回憶，似乎當時自己不在北京，做了什麼也都忘記了。王先生只好再問：「那麼三天前呢？還記得嗎？」于丹告訴他，三天前的傍晚應該是在準備行李，那只是平淡無奇的一個尋常黃昏。王先生笑了，他告訴于丹：「我們生活中絕大多數時光都會被忘記，但我要讓妳記得今天這個傍晚，記得在我家陽臺上看過的落日。」說出這句話的時候，王先生滿眼熠熠的光彩。

就在這個落日之前，于丹剛在王先生家吃過一碗牛肉麵。為了這碗麵，王先生親力親為，提前兩天炒好酸菜，用冰糖細細地燜。于丹到的前一天晚上，他開始熬牛骨湯，用小火燉牛筋。等到于丹進門前一個小時，他才開始燉牛肉。于丹喝第二杯咖啡的時候，他的太太開始往滾開的水裡下麵。簡單的一碗牛肉麵，他們夫婦用兩天的時間來準備，用心得讓人動容。無疑，這是一個美麗而難忘的下午。

盡心過好當下，抓住眼前美好的瞬間，慰藉過去，展望未來，我們的人生也會少一點遺憾，多一點無怨。

會生活的人究竟長什麼樣？

他們的外表不盡相同，但有一點是可以肯定的是，他們都有一顆熱愛生活並積極改變的心。

林清玄在一篇文章裡說過：

真正的生活品質是回到自我，清楚衡量自己的能力與條件，在這有限的條件下追求最好的事物與生活。再進一步，生活品質是因長久培養了求好的精神，因而有自信，有豐富的心胸；在外，有敏感直覺找到生活中最好的東西；在內，則能居陋巷而依然創造愉悅多元的心靈空間。

古人在物質匱乏的年代，尚且會沐浴焚香，撫琴賞菊，營造生活的儀式感。而擁有便利生活條件的現代的我們，更應該保持對生活深深的熱愛。即使不能做得十分周到，至少應該讓生活慢一點、莊嚴一點，這樣，生活的色彩也將多一點。

買菜時順便買一束花，在花香彌漫間，工作的辛苦、生活的煩惱就會一掃而光；在洗手間鄭重其事地放一臺香芬機，狹小的空間會瞬間充滿文藝氣息。即使是換一換精油的味道，也會使這一天變得有所不同。我們的大腦會自動記憶這些小確幸，這些小確幸，既是小小的儀式感，也是疲憊生活裡的詩和遠方。

現在，你可以試著閉上眼睛認真地想一想，真正值得在經年以後的歲月中一再翻檢的，一定是那些特別的回憶。而在這特別的回憶中，往往少不了儀式感。

我們通常不缺少方向、目標，甚至也不缺少奮鬥，但有時需要停下來，豐富我們的人生。

在平凡的生活裡有什麼是值得你一再回味的？有什麼是值得被鐫刻在生命裡的？有什麼能在歲月刻下的生命之痕裡，一直留香？那就是儀式感。

千萬別小看那些拘謹、刻板且重複的過程。正是在一次次的精神洗禮之後，才會尋找到歸屬感，尋找到生命中沉甸甸的精神果實。

記住一個尋常日子的理由，往往是因為自己在這一天投入了特別的努力和誠意，這些偶爾降臨的，如星星般的小確幸，點綴著我們平凡的生活，讓生活充滿愉悅，讓瑣碎和疲憊遠離，還有一點隱密的快樂。哪怕生活每天都充斥著不完美，我們依然能保持昂揚的鬥志。一邊是人間煙火，一邊是幸福童話。

能讓你過得好的不是金錢抑或其他，而是你自己

很多人窮極一生追求物質的富足和事業的成功，絲毫不敢懈怠，生怕時光流逝辜負了親人們的殷切期盼，冷落了老有所依的美好結局。然而，如此努力的我們，卻把本該簡單快樂的生活，硬生生過成了「生」和「活」。停下來，仔細想想，對自己好一點不會錯，對自己好一點，才有力氣繼續上路。

在一些人心裡，如果房子是租來的，就會沒有安全感，也不會珍惜。不曾擁有，何談守護？所以房子一定要是自己的。

於是有生之年買一間房子成為很多人的極致追求，所以房價一直居高不下。那麼租來的房子，就沒必要花錢去裝修吧？更別說花四十萬元裝修一間出租屋！

這件事在很多人聽來都不可思議，房東要是知道這事，估計睡著了也會笑醒，但是

有一對小夫妻真的這麼做了。

室內設計師伊馮娜（Yvonne）一家三口租住在北京的胡同裡，她竟花了二百萬元來裝修那租來的院子。北京的房價讓她望而卻步，夫妻倆算了一下，要實現買房夢想，就會影響孩子之之的童年。但總不能因為手頭拮据，就讓孩子最美好的時光被浪費掉。

改善居住環境是伊馮娜給自己和家人的儀式，在這個儀式裡充滿了她對未來生活的憧憬。二百萬元，足夠在郊區支付一棟房子的頭期款，但那樣一來，他們就沒有多餘的錢來裝修了，所以他們乾脆選擇租房子。租來的房子卻也不能有絲毫馬虎，一家人在這裡過的是自己的生活。於是，身為設計師的伊馮娜對相中的房子動起了腦筋。她的設計靈感來源於動畫片《龍貓》裡的一個場景：兩個孩子推開門，赤著腳在小院子裡跑來跑去。她很想給兒子之之這樣的成長環境，她說：「現在才是最重要的，雖然房子是租來的，但我們的生活卻不是。」

現實告訴我們，這個世界從來就沒有什麼世外桃源，沒有什麼歲月靜好，沒有任何東西是預備好了等你享受。若對生活沒有任何要求，生活回報給你的只有荒蕪。

剛畢業不久的小X雖然月薪不高，工作卻是自己喜歡的。她不願把時間浪費在上下班的路上，她希望下班回家後能泡個熱水澡，躺在大大、軟軟的床上睡個安穩的覺。於是，她用一大半薪水租了一間距離公司很近，可以步行上班的精裝修房子。

剩下的薪水只夠她支付日常開銷，她光榮地成為這個城市裡常見的月光族。一年到頭忙下來，也沒什麼積蓄。

但小X並不認為沒有積蓄是一件多麼糟糕的事，她堅信這種處境只是暫時的，她要照顧好自己，才能有充沛的精力工作和學習，才能有對生活的渴望。但朋友和家人並不理解這些，他們紛紛為此責難小X，家裡人還要她趕快把現在的房子退了，找個新臺幣五千元以下的房子將就著能住就行，頭頂上有片瓦遮雨即可，別年紀輕輕就追求享受生活！

小X很苦惱，難道想住得好一點，在繁忙的工作和壓力巨大的競爭之餘，生活得舒適一點，錯了嗎？年輕就必須省吃儉用，苛待自己嗎？

她嘆氣道：「生活本身已經很辛苦了，又何必自討苦吃？」

很多人窮極一生追求物質的富足和事業的成功，絲毫不敢懈怠，生怕時光流逝辜負了親人們的殷切期盼，錯過了老有所依的美好結局。然而，如此努力的我們，卻把本該簡單快樂的生活，硬生生過成了「生」和「活」。停下來，仔細想想，對自己好一點不會錯，對自己好一點，才有力氣繼續前行。

不要活得太潦草，誰說一個人吃早餐，就不需要精心準備、認真擺盤？不是為了發文炫耀，只是想給一天的好心情寫個序言。把浴缸注滿水泡個熱水澡，點幾支精油蠟燭，敷個美白面膜，放鬆身心，享受生活。雖然房子是租來的，生活卻不是，臥室的飄窗上總會有一束花，客廳的茶几上總會泡一盞茶。雖然一個人在陌生的城市打拚，得嘗遍生活的酸甜苦辣，但用心經營，生活就會充滿令人羨豔的幸福。

我支持小X的做法，一個生活和事業剛剛起步的女孩，在壓力山大的當今社會讓自己生活得輕鬆舒適並沒有什麼不對。相反，這讓她的身心有了緩衝地帶，能夠輕裝上陣，更好迎接命運的挑戰。

但是現實生活中真的有很多人，即使月薪幾萬元，年薪幾十萬元，甚至上百萬元，仍舊把日子過得渾渾噩噩。賺再多錢也要省吃儉用，對自己苛刻，對別人吝嗇，省來省去，把身體的健康，友情的互動，愛情的浪漫，甚至是親情的陪伴都省掉了，得不償失，又有什麼意思呢？

也許有人要說節儉是美德，可是節約過分就變成了小氣。難道你真的希望自己成為《死魂靈》裡的普留希金或是巴爾扎克筆下的《歐葉妮·葛朗臺》？日子要過得滋潤，而不是省得清苦，又沒到家徒四壁的地步，何苦那麼自虐呢？

當然，也有很多人每個月都能存下半個多月的薪水，雖然存摺上的數字有條不紊地增加，生活卻總是過得亂七八糟，髒衣服堆積成山之後才想起來要洗，用過的碗筷放到發霉有臭味才想要刷，一有空就宅在家裡垃圾食品不離手，熬夜到凌晨不睡，眼看要遲到了才起床。這樣的人對生活根本不用心，工作自然也不會如意，甚至感情也很難順利。

反之，有些人並沒有很多積蓄，賺的也不多，但是會對朋友大方，會善待自己；會合理地安排好自己的時間，即便是住出租屋也把家裡整理乾淨；會有長期堅持的生活小習慣，穿著得體地出門，和朋友定時聚會，一起看電影、唱唱歌；會記得父母的生日，買小禮物給親人；會堅持鍛鍊身體，每天早睡早起、每天讀書；會買自己喜歡的東西，即便要賺很久很久的錢。他們知道，只有如此用心地生活，才不會有辜負生命的遺憾。

有次在朋友家看影片，節目裡一位嘉賓的話讓現場的人很感動，她說自己和妹妹難得見面，每次吃飯她都要買單。又說到她和學生的事，她從學生那裡聽到好多故事，所以吃飯時也一定是她請客。她不會省錢，卻能得到很多陪伴和溫暖。

我和身邊的朋友說：「這是個有生活的人。」他撇撇嘴反駁我，說：「這個人一定特別有錢！站著說話不腰疼！」

很多人會把過得不好歸咎於自己窮，沒有錢。他們總喜歡說：「我家境不好，窮到掉渣。人不能選擇自己的出身，誰不想有個富爸爸。我能怎麼辦？」

我是學生，我沒有錢！

我剛剛工作，我沒有錢！

反正大家都沒錢，就湊合著過算了！

可是，別人是怎麼過的對於你來說，重要嗎？

重要的難道不應該是你究竟想過什麼樣的生活？

沒錢並不代表沒有追求，你還是可以花心思，可以有情趣、有創意，難道沒錢就註定這輩子過不好？

沒錢，不意味著沒有自我。生活除了必要的開銷，還要取捨、一味地計較得失，最後只能一無所有！

去過一種不太計較的生活吧！做一個活著的人，不要用行屍走肉的方式生活。錢不是萬能的，沒有了就去賺，留著不是萬能的東西，最後只能變成一無所有的乞丐。

蔡康永曾說過，時間的珍貴是最不可抵抗的花費。就算過得不好，也千萬不要漫不經心，不要隨便將就，應該要去尋求改變，改變還要從你自己開始！

沒有錢就會過得不好？沒有錢就完全沒有開心和幸福？

答案絕對是否定的，我就知道有這麼一個人。她每天都會去健身，每個週末都會去打網球、游泳，總是把自己打扮得漂漂亮亮的，用最新款的手機，想吃什麼就吃什麼，住著月租約新臺幣一萬元以上的小公寓，搭計程車上下班。很多人都在背後猜測她是個富二代或月薪好幾萬元，甚至有人猜她被包養了。但我清楚，她一個月最多賺新臺幣三萬七千元，不是富二代，更沒有被包養，她只是不想把錢都省在荷包裡，而是聰明地把一元用出了三元的價值。

她選擇過喜歡的生活，堅持運動，吃好吃的，她不會為省錢而委屈自己。她精打細算，從不有用沒用地買上一大堆；她住得離公司近，搭計程車起步價就可以到達；她不圖便宜買山寨貨、高仿貨，她的衣服和鞋子並不多，但每件都是經典款，可以重複搭配；她的手很巧，很多小首飾和送朋友的禮物，都親自動手。她把有限的金錢最大價值化，過有品質的生活。

很多人怨天尤人，為生活的種種不如意、失敗和窘迫，找到若干個理由，給自己的不努力找出諸多藉口。但與其把時間浪費在自怨自艾上面，還不如多想多做，努力去改變。這世界對大多數人來說都不是桃花源，每條星光璀璨之路都必定布滿荊棘，但那卻是我們通往未來的必經之路！請相信，你為了過上想要的生活而努力奮鬥的樣子，很美！

一個人若是缺少對美好生活的追求，那才是人生中最可怕的貧窮。

真正的幸福和快樂，不必來自出身和金錢，只要讓自己的心得到滿足，不攀比、不張望，專注自己，用心生活，能讓你過得好的不是金錢或其他，是你自己。

現有的日子太苦，需要「儀式感」來美化

也許有一天，你被生活中雞毛蒜皮的瑣事浸泡久了，在婚姻的油膩裡倍感疲憊，或者某個時刻的他讓你頓生失望，你望著窗外的白月光，陷入深刻的自我懷疑，當白玫瑰變成了別人衣服上的飯黏子，還可以看看手指上這一抹光輝，它會提醒你們曾經因為相愛而結合。

一對戀愛長跑多年的朋友準備結婚，兩人先是因為買房、裝修、家具的審美品味不同而不斷吵架冷戰，接著又因為買了很多不必要的東西而花光積蓄、背上債務。

女方沮喪地和閨蜜說，自己不打算買婚戒了，隨便買一對高仿戒指在婚禮上做做樣子就行了，反正沒有人能看出真假，婚後也未必會戴。就算買了婚戒，因為婚禮現場人多手雜，很多人都選擇用替代品。但閨蜜勸她：「不要如此敷衍自己。不是說無名指中

有一根血管直接連接心臟嗎？生命的重要時刻，哪怕不是名牌，不是鑽石，也要用心挑選，再刻上雙方的名字和婚禮的時間，那是你們專屬的紀念品。」

後來他們還是去買了一枚小小的鑽戒，替妻子戴上戒指時，丈夫說：「以後我會買個大的給妳。」但是妻子說，不管以後他買多大的鑽戒給她，她都會永久珍藏這枚小戒指，因為她懂得這份禮物背後的愛和成全。

圍城裡的生活，就算再精彩也難免會有倦怠的時候。也許有一天，你被生活中雞毛蒜皮的瑣事浸泡久了，在婚姻的油膩裡倍感疲憊，或者某個時刻的他讓你頓生失望，你望著窗外的白月光，陷入深刻的自我懷疑，當白玫瑰變成了別人衣服上的飯黏子，還可以看看手指上這一抹光輝，它提醒你們曾經因為相愛而結合。

馨馨上大學時是班花，她和男朋友是班上的模範情侶，雖然男朋友柏楊沒錢又沒顏，在追求馨馨的男生裡條件幾乎墊底，但馨馨卻義無反顧地和他在一起。他們來自同一個小城市，對對方的窮困和夢想感同身受，所以更能互相理解、互相扶持、照顧彼此。

從大一開始他們倆就一起兼職，做家教、發傳單。馨馨說雖然和柏楊一起會很累、很苦，經濟上不寬裕，她卻感覺很幸福、很實在，對生活和未來充滿希望。其實，大部分女生並不是因為男生家境不好才離開，而是發覺和這個男生在一起不踏實，甚至總看不到未來。柏楊對馨馨很好，關懷備至，除此之外的精力都放在學習和創業上，他發誓要出人頭地，給馨馨最好的生活。

善良的姑娘總有好運氣，大四畢業以後，他們在學校旁邊開了個代收快遞的加盟點，隨著網購大潮的襲來，快遞行業迎來紅利期，馨馨和柏楊的網點迅速壯大。兩、三年的時間，就發展成規模不小的快遞公司。當同學們為了漲薪資不斷面試跳槽的時候，他們已經成了老闆給別人發薪水，令同學們豔羨不已。

當大家知道柏楊和馨馨分手的消息時，第一反應是柏楊有錢之後變了心。可是後來才知道，事情不是他們想的那樣，他們有錢、有房、有車以後，柏楊甚至比上學時對馨馨還好，他說終於可以像別的男人一樣給心愛的女人買很多好看的衣服和奢侈品，他會在週末替馨馨訂一束鮮花，穿戴整齊帶她去高級餐廳吃飯；在一筆業務談成以後和馨馨去旅遊。而馨馨卻認為他們現在擁有的東西來之不易，她不需要這些儀式感，覺得這是浪費時間和金錢！

她拒絕柏楊用心為她準備的禮物，甚至把禮物送去變賣，柏楊給她的驚喜都變成了空歡喜，她甚至要求和柏楊經濟獨立，她只在乎提款卡上的數字。終於，柏楊提出分手，房子、車子和公司都歸馨馨，柏楊說他想要的生活不是這樣的，不能只有工作和錢。當自己有能力為馨馨付出時，她卻不給他這個機會，雖然事業小有所成，但感情卻十分挫敗。

M是一家知名IT公司的技術總監，近兩年公司發展愈來愈好，他也愈來愈忙，薪資待遇也愈來愈高。但就在他風生水起、春風得意的時候，老婆卻突然提出離婚。

M感到非常不可思議，他不停地打電話、發簡訊、寫郵件，翻來覆去地問老婆同樣的問題：我在外面拚死拚活，賺錢養家，供妳吃，供妳喝，讓妳和孩子過好日子，我對妳這麼好，妳還不滿足？為什麼還要和我離婚？

老婆說，不要打電話，不要傳簡訊，能不能找個時間面對面好好聊聊？

M說，我很忙的！今天也要加班，有什麼事情不能在電話裡說嗎？

於是老婆說，那就等你有時間我們再說吧！

M同意了。沒想到一等就是三個月，M一直沒有時間和老婆見面，當他終於有空和老婆坐在一起時，他們的婚姻已經進入簽訂離婚協定的階段了。

M坐到老婆對面的時候，她對他說的第一句話是：「我擔心你連簽離婚協議書的時間都沒有。」她接著說，「當初嫁給你是想和你一起奮鬥，好好經營我們的家庭。可結婚後這些年，你眼裡根本就沒有我，也沒有我們這個家。晚上即使已經下班，你不是在公司加班，就是出門應酬，好不容易回家吃頓晚飯，也是一邊吃一邊打工作電話。週末你關在書房裡寫報告，做計畫。無論我和你商量什麼事，你都心不在焉地說『妳看著辦』。有好幾次我對你說『我們離婚吧』，你也點點頭說『妳看著辦』。」

離婚以後，M的兒子堅決要和著媽媽一起過，對他沒有絲毫的留戀和不捨。M這才發現，原來在兒子心中，自己是一個不稱職也不值得愛的父親。他幡然悔悟，兒子長這麼大，他很少陪伴他，也沒能見證他的成長。

離婚後，M回到空蕩蕩的家，突然很傷感、很委屈，自己拚命工作究竟為了什麼？不就是為了這個家嗎？可是現在老婆、兒子都不要他了，他把這個家忙丟了。

職場與家庭是人生的重要內容，哪個更重要？現實且理性的人會說不知道！虛偽的人會大喊感情至上，不知你有沒有發現，大家真的都好忙！跳槽是家常便飯，分手只需傳個訊息告知對方，就連離婚簽字也一揮而就，痛哭流涕這種戲碼都無心上演。

現實生活中，很多人為了工作放棄了家庭的義務和責任，他們不斷把天秤往工作一側傾斜，以至於把好好的家拆散。

事業和家庭確實很難兩全，但是我們有沒有問過自己，在有限的家庭時間裡，是否做到對家人有品質的陪伴，哪怕是和家人一起吃頓飯，認真聽配偶說幾句話，和孩子玩幾分鐘遊戲？

很多男人認為只要事業有成就可以免去一切責任，用賺到的錢來抵銷做為丈夫和父親的失職。殊不知再多的錢也買不到感情，更無法彌補孩子教育中的缺失。只有懂得平衡好家庭與事業的關係，才能安心做好工作，讓家人因你而獲得幸福。

有人會說M是男人，男人總是要拚事業；馨馨是特例，一般女生都更熱愛家庭。可是有些人因為熱愛搭上了自己的全部，卻換不回幸福。

朋友和W姐四、五年沒見，再見面時，感覺她好像老了十歲。

曾經的W姐是人見人愛的大美女，從小嬌生慣養長大，十指不沾陽春水，總是打扮得優雅得體。如今她整個人都浸到柴米油鹽醬醋茶中，整日忙著買菜、做飯、處理家務，忙得如陀螺一般，哪有工夫打理自己。W姐的老公不僅不感念她辛苦操持，反而整天嘲笑她醜八怪、黃臉婆。

W姐一個人帶孩子，每天腦子裡裝的問題就是給孩子增加什麼輔食，送孩子去哪家才藝班，孩子是不是又生病了……漸漸地，她不但與外界隔絕，和老公的共同話題也愈來愈少。

家庭主婦的生活會把女人困於三寸之地，圈子愈來愈小，生活也愈來愈單調，繁瑣的日常生活把她們壓榨得沒有一絲靈氣和活力。

W姐的生活狀態已經嚴重影響了心理健康。她曾經很開朗，如今卻變得愈來愈壓抑。過去的她溫柔大方，現在卻敏感多疑，經常因為雞毛蒜皮或無中生有的小事和老公吵架。

很多女人在家庭和職場之間，愈來愈重視前者，弱化了個人理想、生活情趣，甚至精神訴求，她們慢慢對此習以為常。女人應該知道，不懂得愛自己、沒有私人空間、沒有社交朋友圈的生活並無益於家庭，無益於夫妻關係的和睦，更無益於教養孩子。

有些人對在婚姻裡製造浪漫的人嗤之以鼻，在他們的心目中，浪漫的生活只存在於小說和影視劇中，現實婚姻裡哪有什麼真正的浪漫。於是，做了父母後，隨之忘了怎麼做夫妻。

鄰居的一個女孩，剛升級為媽媽那兩年，也是一心專注在偉大的育兒工作上，眼裡、心裡只有寶寶。結婚紀念日那天，丈夫西裝革履，訂了高級餐廳，她卻隨便綁了頭髮，隨手抓起一件便裝就要出門。看到她的樣子，丈夫眼裡的光芒頓時黯淡下去，說：「請妳好好打扮一下可以嗎？這是我們兩個人的紀念日。」她一聽，火氣上來了，心想這不是找麻煩嗎？她問老公：「你知道我每天有多忙、多累嗎？」然而她還是在丈夫的要求下，換了長裙，塗了口紅，兩個人開車去了全城最好的旋轉餐廳吃晚餐，最後，她還收到一束來自丈夫精心訂製的玫瑰。

那一刻，望著窗外的熠熠星光，她忽然淚盈於睫。原來婚姻裡的儀式感是一種被需要感，是將雙方從家庭角色和日常事務裡抽離出來，互相對視，彼此連接，重新找回愛和依戀。從那年之後，他們每年的紀念日都會放下孩子，放下父母的身分，牽手去赴一個只屬於他們彼此的約會。

你不覺得這樣的儀式感真的很棒嗎？

只有父母彼此相愛的家庭，才會養育出真正快樂的孩子。婚姻中的儀式感，讓我們學會在為生計奔波、為五斗米折腰的現實生活裡，依然保留一個浪漫的遠方。

生活從來不止一面，家庭、事業、健康……如果不能分清主次，同時相容並包，就會出亂子。真正會生活的，能將日子過得輕鬆的人，一定是懂得平衡生活的人。

奈吉．馬許（Nigel Marsh）在TED演講《如何實現工作與生活的平衡》時有一段話，我覺得很有道理，他說我們需要看清一個現實，那就是很多人「夜以繼日地工作，從事他們痛恨的職業，目的只是為了購買無用的商品，以博取無關痛癢的鄰居羨慕」。

對於任何人、任何事，生活中最大的智慧就是要學會平衡。子曰：「過猶不及。」很多事情過少或過多都不和諧。學會平衡，才能真正幸福安定。如果一個人為了工作透支身體健康，當事業風生水起時，沒了健康做支撐，一切都將成為海市蜃樓。

一個男人為了事業而放棄家庭並不可取，事業不是人生的全部，工作從來不會因為某個人的離開而停止運作，但家人卻會因為失去所愛之人而失去幸福。

雖然大多數女人會把家庭視為重心和焦點，但如果失去自主性，沒有獨處的空間，勢必會在家庭生活中鬱鬱寡歡。

最聰明的活法就是懂得平衡，只有平衡好人、事、物之間的關係，才能真正在苟且的生活裡，收藏詩和遠方。

儀式感是感情的催化劑

儀式感像鑽石一般永恆，讓我們在某一天因為某些柴米油鹽、雞毛蒜皮的小事而倦怠時，看到它就會回憶起那些生命中的美好時光。而婚姻中的儀式感讓我們學會在為生活奔波、為殘酷的現實拚搏時，依然保留一個詩意的、浪漫的空間。

有一個線下市調，採訪了很多女生，問給她們一百萬元能不能把男朋友賣掉。讓人意外的是，很多女生都迅速回答可以賣掉，還笑嘻嘻地說，不需要一百萬元，五十萬元就可以馬上寄快遞給對方，免運送到家，一點都不含糊。而同樣的問題問男生時，幾乎所有的男生都十分憤慨地表示，不可能！沒得商量！

採訪者又問女生，在日常的感情相處當中，會不會在意男朋友或老公忘了自己的生日；會不會在意情人節的時候對方不送自己禮物，不陪伴自己一起度過；會不會在意一些比較有紀念意義的時刻，他忘記說些甜言蜜語？

並不意外的是，沒有一個女生回答不在意。

同時，也採訪了很多男生，問他們對以下情況的看法：有些男生因一時工作太忙而忘記老婆的生日；由於在一起很久了，所以認為情人節沒必要特意買禮物或製造浪漫的儀式；平常生活中，情話總是難以說出口。

不出意料，幾乎所有男生都覺得發生這種情況，情有可原。

有趣的是，採訪者再把問過女生的那些問題反過來問男生，假如老婆忘記他的生日，假如老婆在情人節整天在外面逛街也不陪自己，假如老婆一年到頭就像是一個熟悉的男人婆一樣，直來直往從來不說柔情的話，他們會不會在意？會不會覺得情有可原？

結果大部分男生都表示不願意。

社會心理學家說過，在我們的生活中，大多數男性都會以一種理性而沉穩的心態自居，他們認為女性都是感性的、脆弱的，甚至是無理取鬧的。所以有些男性，特別是結了婚的男性，往往會忽視生活中那些在女性眼中代表感情的儀式。

在他們看來，準備一份禮物花錢、花時間又耗精力，說情話既矯情又肉麻，所謂節日也不過是一個普通的日子而已，沒必要小題大做。他們的想法是，我愛妳是在心裡，根本沒必要說出來，也沒必要刻意去做什麼，女人應該感受得到。

問題是，有些女生偏偏就固執，你不說愛我，也不做那些在我眼中代表愛情的事情，怎麼感受得到你愛我？

朋友文娟雖然和男朋友早就訂了婚，但一直以來她都不想結婚。訂婚時他們只匆匆辦了個儀式，很長時間過去了，對方始終沒有向她求婚，文娟內心不願意就這樣草草地和男朋友走進婚姻。

其實文娟能夠感受得到，正是因為他們已經訂了婚，男朋友才對這段感情漫不經心。在他看來，她這輩子註定是他的人，還搞那些沒用的儀式幹什麼。可是現在，他們的生活沒有一點驚喜，遠離一切浪漫，每天「坦誠」相對，打嗝、放屁、挖鼻孔，都十分隨意，沒有任何掩飾地暴露在對方面前。如今文娟回想起來，能夠回憶的美好瞬間，掰著手指都數不出幾件，可見她現在的生活過得有多糟糕。

既然發現問題，那麼就要解決它。文娟主動向男朋友提出分手，男朋友很驚訝，在他的心裡認為訂婚和結婚沒什麼兩樣，求婚不過是一種形式，婚禮也是多餘的，只要有真愛，那些都不重要，所以他很想不通。兩個人是真心相愛，也決定要結婚，沒理由分手！僅僅因為沒有正式地求婚和正式的婚禮，僅僅因為生活中沒有浪漫，就要分手？浪漫可以當飯吃嗎？

文娟的回答很簡單，她真的很害怕今後的日子會像現在這樣過，想到一輩子都將這麼枯燥乏味、沒有任何色彩地度過，那簡直是生不如死。婚姻對她來說，確實是一種託付和認定，但也需要一種儀式，那個美好的儀式能夠表明她對這份感情的責任。她需要用一個正式的婚禮來開啟婚姻生活的篇章，這個篇章是充滿浪漫的，也是富含色彩的，是值得期待的將來，而不是一眼就能看到底的乏味。

求婚儀式和婚禮到底有沒有實際用處，我們誰也說不清楚，但是心理學家曾做過研究，他們在婚禮現場採集了新郎、新娘和所有賓客的血液樣本，結果實驗發現：在婚禮中，每一位參與者的催產素都發生了變化。

這種催產素被稱為愛情激素或擁抱激素，實驗證明，催產素能決定愛情忠誠度以及婚姻持久程度。實驗結果還顯示，在婚禮上，新娘血液中的催產素大量飆升，提高了二十八％，其次是新娘的父母親，提高了二十四％，再其次是新郎，提高了十五％，而各位賓客血液中催產素的平均水準也提高了九％左右。由此可以發現儀式感不管是在愛情層面，還是在其他更廣泛的層面，都會在生理和心理上，給予我們更多的安全感和幸福感。

然而，只要儀式一完成，不用多久，我們身體裡的催產素就會回歸到平常的數值，所以結婚或訂婚都不會帶來恆久不變的幸福感。如果想要感情永遠充滿新鮮感，那麼你和你的伴侶就要學會偶爾為你們的生活製造一些驚喜，比如送花、送禮物，比如在景色美麗的地方漫步，一起去看最美的星空，一起享用浪漫的晚餐，一起過紀念日等。

儀式感是將美好賦予生活和伴侶的最好方式，也是對生活和伴侶的尊重。儀式感不一定非要用金錢去實現，不一定是用金錢去滿足對方。湯唯在《北京遇上西雅圖》裡飾演的文佳佳有那麼多象徵財富的包包，生日有包、聖誕節有包、情人節有包、三八節有包，就連兒童節也有包，但最後她也只剩下包包。試想，如果文佳佳只貪圖富貴，只愛包包的話，那她幹嘛要分手，和 Frank 這個不能給她奢華生活的男人在一起呢？

其實，大部分的女人根本不介意你有沒有給她足夠多的金錢，她們介意的是你有沒有給她愛。就像文佳佳說的那樣，他也許不會帶我去坐遊艇、吃法國餐，但是他可以每天早晨都跑幾條街，為我去買最愛吃的豆漿、油條。這才是大多數女人最需要的，有錢沒錢不重要，重要的是你是不是照顧得周到細致。

儀式感與金錢、權力、地位無關，更多的是內心深處對對方的愛，過上有儀式感的生活也許可以從做一餐美食、過一個紀念日開始。

朋友陳實經常向大家吐槽她的老爸、老媽，說自己天天被爸媽秀恩愛、「撒狗糧」。「你知道嗎？我爸媽真的是天天給我『餵狗糧』啊！我一個『單身狗』每天都要受到一萬點的暴擊，傷害值比王者峽谷裡的關羽還高！」

她爸發了獎金，要她陪著去買新手機。兩人在手機店裡逛得好好的，誰知她老爸突然跑到隔壁金飾店，一眼看中一條項鍊，非要立刻買下來給她老媽做為結婚紀念日的禮物。

原本要買的手機不能買了，人家爸爸卻一副無所謂的樣子說：「舊手機將就將就還可以用，以後再換也行，但是結婚紀念日就不一樣了，一年只有一次，必須好好過。」

買了項鍊以後，爸爸挺開心，一路上捧著項鍊盒子反覆向陳實確認：「妳媽會喜歡的吧?妳媽應該會喜歡吧?我看這條項鍊挺適合她的,我想她會喜歡的!哎,妳說她會不會喜歡呢?應該會喜歡的吧?妳覺得呢?」

「這還不算完,」陳實說著說著,情緒愈來愈激動,「買完項鍊剛到家,我就看見我媽媽穿得漂漂亮亮的,明顯是精心打扮了一番,坐在沙發上,面前的茶几上還放著一部嶄新的手機,她說看我爸的手機已經用了好幾年,很舊了,早就想買一支最新款、最高配的手機給他,做為結婚紀念日的禮物,然後,我媽還招呼我爸趕快去換衣服,之後老倆口要一起出去吃浪漫大餐,慶祝他們的結婚紀念日。」

而此時陳實非常不解風情地堆起笑臉,諂媚地問她老媽:「那我怎麼辦呢?我晚上吃什麼?要不我換衣服和你們一起去慶祝吧?」

她母親大人正忙著幫她老爸把西裝肩頭並不存在的灰彈掉,頭也不回地告訴她:「我們過結婚紀念日和妳有什麼關係?這麼大了,吃個飯還要老媽管嗎?妳說妳單身這麼久,也不知道帶一個男朋友回來,晚飯自己解決吧!就這樣了,再見!」

說完,兩人手挽著手,親親熱熱地出門了。吃了一大把「狗糧」之後,陳實深深地懷疑自己到底是不是他們親生的。

陳實爸媽不僅在結婚紀念日當天這麼恩愛，平時他們的感情就很好。陳實從小到大很少看到父母吵架，就算吵架也都是當天解決。這是她父母之間的約定，每個大大小小的節日都要一起過，都要認真對待。幾十年來，他們生活得很有情趣、很有意思，不管什麼時候，都會記得製造驚喜和浪漫給對方。他們用專屬於自己的愛情儀式感，提醒自己感恩和珍惜，用愛和智慧以及耐心，化解掉漫長婚姻生活當中必定會出現的矛盾和爭執，就連陳實都承認，儀式感就是她父母能夠保持愛情常鮮的祕訣。

儀式感像鑽石一般永恆，讓我們在某一天，因為某些柴米油鹽、雞毛蒜皮的小事而倦怠時，看到它就會回憶起那些生命中的美好時光。而婚姻中的儀式感讓我們學會在為生活奔波、為殘酷的現實拚搏時，依然保留一個詩意的、浪漫的空間。

今年七夕，樹小姐和男朋友大吵了一架，因為他忘記牛郎、織女相會的日子，也就是情人節。

樹小姐說自己早就幫男朋友準備禮物，精心打扮了很久，可是遲遲沒有接到男朋友約她的電話，最後沉不住氣主動打電話過去，問他在哪裡，在做什麼，對方用半死不活的語氣告訴她，他正在家玩遊戲。

樹小姐很生氣地質問他：「你不覺得今天我們應該一起吃個飯嗎？」

他男朋友卻回答她：「什麼時候都可以一起吃飯啊，為什麼非要今天？」

男朋友的反應讓樹小姐很是驚訝，她追問道：「你難道不知道今天是情人節嗎？」

男朋友不明所以地反問她：「情人節不是二月十四日嗎？」

樹小姐耐心地解釋：「今天是七夕，是牛郎、織女一年一度相會的日子，是鵲橋一年中唯一一次在銀河上搭建起來的日子，是中國的情人節！」

但男朋友接下來的態度讓樹小姐有些抓狂，他不但不承認疏忽，還吐槽說：「這種節日有什麼好過的，一年一個情人節就夠了，還冒出一個七夕，怪不得今天去哪人都特別多。這些節日也就是商家炒作出來的噱頭，呼攏女人去消費而已，吃飯要排隊，商場裡到處都是人，還不如在家玩遊戲來得自在，我們這叫避開尖峰。」

「避你個頭！」樹小姐生氣地掛掉男朋友的電話，最後，她一個人打扮得漂漂亮亮地去吃了一頓大餐，吃完以後，她似乎想明白了很多事。

這個男朋友已經很久沒有給過她什麼驚喜，兩個人在一起的時間久了，很多浪漫的事情讓他開始厭煩，甚至連正式出去約會的次數也愈來愈少。儘管樹小姐知道，戀愛時間長了肯定不如剛開始在一起的時候熱絡，她可以接受日子稍顯平淡，但是卻絕對不能接受一點溫馨浪漫的時刻也沒有，況且她要的浪漫從來都不是一定要對方大張旗鼓地浪費金錢，節日和紀念日也不需要煞費苦心地去準備。平常日子裡只要用心都能成為驚喜，就像是隨口說想吃蛋糕，他下班回家就會帶回來；點咖啡時忘記囑咐加奶、加糖，他會記得幫妳提醒服務生，僅此而已。就像這個七夕，哪怕他只是在家裡為妳做幾道妳最愛吃的菜，也是令人感動的驚喜。

一個真正在乎你、愛你的人，總會想方設法地讓你開心，這些事情和什麼時間、人多不多、路上堵不堵沒有任何關係。不能以此指責女人天生勢利，愛慕虛榮，貪圖錢財。

亦舒在《喜寶》中的一句話被很多女人認同，「我要很多很多的愛。如果沒有愛，那麼就很多很多的錢。」事實是男人沒錢，也不想給女人愛。自己不努力，不疼女朋友，等到女朋友提出分手了，就咬牙切齒地給對方扣上拜金的帽子。

相信所有男人應該都見過那些絕世好男人如何寵妻的，也相信很多男人並非不懂怎樣讓女朋友高興，說穿了還是自私，他們更愛自己。不給女朋友花錢，也不願意給女朋友更多的愛，還希望她死心塌地地跟著自己，當自己的保姆，真是異想天開。

寵女朋友、關心女朋友這件事，和有錢沒錢真的沒多大關係，有錢的話可以送Gucci酒神包，沒錢的話可以送個對方喜愛的小玩意；有錢的話可以開著BMW送她上班，沒錢的話可以陪她一起搭公車；有錢的話可以帶她出國度假，沒錢的話可以和她城市周邊遊。關鍵是你對她的那份心意。

在廣告公司工作的周宇似乎就是樹小姐口中的絕世好男人。他以前追女朋友的時候就很會製造浪漫，看電影、送鮮花、放煙火、送禮物、發紅包，樣樣不落，甚至結婚兩、三年後，在我們眼中已經是老夫老妻的情況下，他還會事先瞞著老婆，和朋友們商量籌劃替她舉辦生日派對。

於是，周宇老婆生日那天，朋友們都集體配合他的計畫。先是有人打電話把周宇叫出來，和他老婆說公司有緊急公務需要他去處理，接著又找人約他老婆出來逛街，把家留給另外一群朋友幫忙布置。和周宇老婆一起逛街的朋友，算準時間假裝說想吃她做的菜，不肯在外面吃飯，把她哄回家。

在她拿鑰匙打開門的那一刻，周宇捧著一個大蛋糕站在她面前，身後是布置成粉色且擺滿鮮花的家，還有一群起鬨的朋友。在熱鬧的氣氛裡，所有人都看見周宇老婆臉上驚喜又幸福的笑容。

那天晚上，周宇老婆發了一則動態：親愛的，謝謝你結婚後還待我如初，謝謝你替我製造的儀式感，我最喜歡的不是玫瑰、氣球和蛋糕，而是背後你為我花的那些心思。

大多數時候，所謂的儀式感就是表達，那一刻因為被對方重視而變得不一樣，有一份溫暖，有一份閃耀，有一份珍惜。儀式感是愛情最好的催化劑，並不是奢華到非要有roseonly玫瑰，一支普通的冰淇淋也能表達同樣的愛。

我能給你很多，但這次可以特別一點；我們生活很久，但這次可以改變一下。所有的一切，都是為了讓我們的生活變得更加美好。

《小王子》中的小狐狸說：「儀式，它就是使某一天與其他日子不同，使某一刻與其他時刻不同。」那個願意為你製造儀式感的人，是願意把你放在心尖的人，因為愛與尊重，才想為你花心思，想讓你的生活多點色彩。

情人節的禮物、生日的驚喜，這些都是愛情裡的儀式，這些紀念日裡小小的浪漫都值得我們提前一個月去期待，這些儀式讓我們在剩下的三百多天裡有東西可以回味，想到就會開心。這些儀式感不是做作，不是俗氣，是平淡生活裡總要有的調味品。

有人說，儀式感這件事真是太浪費時間和金錢，用各種理由來推脫，但儀式感並不是一味地一擲千金、用很大的排場來體現，才能顯示這件事情的重要。儀式感不過就是一頓親手做的飯，一首學了很久、要在那天唱給她聽的歌，甚至只是回家的路上買的一袋甜甜圈。

對很多女生而言，真的不需要你用大筆的錢來討她開心，更不在乎你轉帳的金額是五·二〇元還是五百二十元。她要的不過是你心裡有她，你願意用特別的方式讓她快樂，願意和她一起去記住那些感動的瞬間。

感情都是要經歷過初戀、熱戀後趨於平淡的，這種平淡要想長久其實也很簡單，不過是早安的一個吻，讓她一天都有好心情；不過是睡前的一杯牛奶，讓她帶著幸福感在你身邊安然入睡。

平淡日子裡注入的儀式感，比雙方荷爾蒙爆發時注入的活力更讓人心動。

要讓你愛的那個人開心，永遠都那麼簡單。而想要一直相愛，儀式感是不可或缺的。

你說這是精打細算，但我認為這是對生活的敷衍

人這輩子，如果時時計較如何省錢，那麼本該用來享受美好生活的寶貴時光，就會在你的錙銖必較裡被揮霍掉。我知道會有人站出來說，吃不窮，穿不窮，算計不到要受窮。錢是節省出來的，可誰見過省錢省出來的億萬富翁？

有個吝嗇到極致的人，每次和大家AA制聚餐時，總要提前找間麵館吃碗麵，等到了聚餐的餐廳後，立刻表示自己已經吃飽了，他只是來和大家聊天的，這樣大家就不好意思和他AA了。然而朋友們怎麼好意思自己大快朵頤讓他眼巴巴看著，就說：「你快吃吧，不A你錢了。」聽了這話，他便放開肚皮又吃又喝起來。

他第一次正式請朋友吃飯，是結婚後的第三天。被請的朋友簡直跌破眼鏡，因為他擺出來的菜是婚宴上的剩菜，已經在冰箱裡放了好幾天。他心急地想，再不吃完就要壞

掉了，這才把朋友們叫到家裡來。酒水也是婚宴上剩下的，他把各種飲品倒在一起，美其名為雞尾酒。結果朋友們吃完這頓飯不是回家拉肚子，就是直接進了醫院。

為了省水，他早上起床之後花十分鐘的時間去公司上廁所，親戚朋友在他家作客，他也如此要求客人。他是家裡的財政主管，把自己和妻子一年的全部開銷控制在約二萬三千元新臺幣之內，平均算下來，家住大城市的他，一個月的開銷僅有二千元新臺幣以下！他得意洋洋地表示，這樣才算是會過日子，每一分錢都花在刀口上。

或許是世界觀的差異，我不能理解這種所謂的會過日子。這種把錢花在刀口上的方式，早晚會割傷自己的手。

節儉是美德，苛刻是失德。對身邊的事物我們要懷有感恩之心，感謝有飯吃，感謝有衣服穿，對身邊的事物不浪費，也不貪婪，凡事不要爭長論短，斤斤計較。

無獨有偶，L先生也是出了名的能省錢，他雖賺得不多，卻也不至於入不敷出，大家都戲稱L先生為老L，因為他雖然年紀輕輕，省起錢來卻像上了年紀的老年人一樣。

為了省計程車費，他常常在辦公室趴著睡一夜也不回家，搞得自己腰痠背痛。去超市時，逢試吃必吃，逛一圈就飽了。大家一起去唱歌，老L很少參加，難得去一次也要先比較各個 App 上的優惠幅度，選最小的房間、進最多的人。坐在一起人擠人，就差疊起來坐了。

更誇張的是，老L有一個睡袋，當他知道有個同學租了間一室一廳後，連忙去找對方商量。他說自己只睡睡袋，占很少的一點空間，想讓同學在客廳裡給他個位置，少算點錢！這樣也行？當然，老L的同學倒是很大方，當場表示睡睡袋太難受，客廳裡有張沙發床，他可以睡在上面。老L卻不幹，堅持睡睡袋。因為睡沙發床的話，他不好意思向同學借被子，他實在捨不得買被子……

老L的省錢方式讓人很尷尬，但誰都拿他沒辦法，只好由他去。他就這麼省來省去，最後把愛情也省掉了。大家問他原因，他誠實地嘆氣道，他當然也想找個女朋友，可是談戀愛不便宜，要花很多錢，自己賺得不多，又沒有什麼積蓄，所以，就寧願單身。眼看就要三十歲，老L也急了，他說從小就懂得錢不能亂花，但不知道為什麼要節省，如今並沒省出一個巨大的數字，反而累得狼狽不堪。

老L說自己勤儉節約是美德，但在別人眼裡看來卻寒酸得可憐，他捨本逐末，以放棄舒適的生活為代價，成了金錢的奴隸。

一段時間裡為了某種原因而節衣縮食，是可以的。但毫無來由地收縮一切開銷，為了節省而節省，導致失去做人的尊嚴，失去生活應有的品質，就得不償失了。

要知道，人這輩子，如果時時計較如何省錢，那麼本該用來享受美好生活的寶貴時光，就會在錙銖必較裡被揮霍掉。我知道會有人站出來說，吃不窮，穿不窮，算計不到要受窮。錢是節省出來的，可誰見過省錢省出來的億萬富翁？

漂亮女孩麗芙和老L的生活態度完全相反，在生活上極其注重儀式感。她從來不忽略早餐，即使週末不上班也一定會按時用餐。她家的陽臺上常年擺著她喜歡的百合花，一束百合花對於麗芙的薪資來說並不便宜，但她每週一束從不間斷。她更注重睡眠品質，絕對不會因為加班就在公司裡睡，她的房間向來都整整齊齊，床上不會出現任何和睡覺無關的東西，寢具都經過精挑細選，並且定期更換。

麗芙還喜歡旅行，每次出去都會對酒店精挑細選，不是當地口碑較好的，就是四星五星級的。這讓知道她收入的朋友們一度為她心疼。

有人不解地問她：「睡個覺而已，有必要這麼挑剔嗎？」麗芙回答：「如果連覺都睡不好，那還怎麼好好玩呢？之所以選擇四星級、五星級的酒店，是因為那裡舒服的床鋪可以讓我在奔波勞累後擁有深度的睡眠，第二天能夠『滿血復活』。」

對於麗芙來說，儀式感是一種生活態度。關好門窗，把外界的喧囂統統隔絕，讓高床軟枕親密地擁抱自己的身體，好好地睡上一覺，享受一天中最私密，也最自由的時光。

壓力都是自己扛，精緻的生活也要自己給。洗漱沐浴完畢，床鋪乾淨整潔，整個人撲進去，陷進一片意想不到的柔軟裡。溫暖瞬間包圍過來，內心一下子被幸福填滿。揉一揉因久坐而痠痛的肩頸，疲憊頃刻間消散。翻個身，找到最舒服的姿勢，不自覺地閉上眼，頃刻間入眠。

朋友小C上大學時，同寢室的女生想找人一起擺地攤，前提是需要兩個人一起出錢進貨。小C擔心錢花出去卻收不回來，就像潑出去的水一樣，既然覆水難收，還是不要出資的好，她婉言拒絕了同學的邀約。可沒想到的是，這個女生透過擺地攤累積經歷，摸透客戶的喜好，掌握銷售技巧和方法，畢業一年多就有第一家店面，第二年又開了分店。相比小C這樣的領薪階層，賺得不知多多少倍。小C著實後悔，私下裡不只一次埋怨自己，早知道如此當初就應該賭一把！

可就算是再給小C一次機會，她仍然會放棄，她腦海中那套省吃儉用的觀念根深柢固，很難改變。她為了省錢，寧願住在不安全的「城中村」裡，每天上班要耗費整整兩個小時。一旦發現優惠活動，就一遍遍在動態牆上叫大家幫她按讚，即使工作落後也在所不惜。這種低效的生活方式，卻被她說成是懂得理財，會過日子。

比起小C來，女生小Y是很「不會過日子」的，她會報最好的英語班，會在週末去咖啡廳裡學習數字油畫，會去峇里島和馬爾地夫旅行，會買經典款的高級成衣，會花時間把自己打扮得美美的。她說這些都屬於生活裡的儀式，讓她感覺到自己是在生活而不只是生存。

沒有儀式感的生活，有多麼的可怕。一年三百六十五天，一味地省吃儉用，對生活完全沒有要求，今天重複昨天，明天重複今天，乏善可陳，黯淡無光。

有人在背後這樣議論小Y：只會花錢敗家，小小年紀就買這麼多名牌，不知道她媽有沒有教育她什麼叫做節儉，以後一定沒有人會娶她。

我也好奇地問過小Y是不是花費過高，她笑著告訴我，她不會拿信用卡在奢侈品店裡任意透支，而是量入而出。如果一味省吃儉用，久而久之，節省的只是菜市場裡的幾塊錢、大賣場的優惠券，卻浪費了大把的時間。

小Y說，相由「薪」生，捨得花錢去旅行，視野就不再是菜市場裡省下的幾塊錢；捨得花錢充實自己，賺錢的機會與想法也會變多，而不是守著一份死薪資；捨得花錢為自己買喜歡的東西，才會更有賺錢的動力。

很多人省錢是為了讓以後的生活能過得好一點，不被錢所困。可是，錢到用時方恨少，生活往往就是這樣，當你存了二萬元的時候，發現還差五萬元。明明自己已經很努力在賺錢了，卻還是過著貧窮的生活。所以，千萬不要為了省錢而省錢，整日綁手綁腳，算來算去，過著連自己都嫌棄的委屈日子。

我和一個朋友打過一個賭，每天晚上煮泡麵吃，看誰堅持得久。雖然泡麵有很多口味，吃多了還是會膩，我們連續吃了一個星期，吃到聞到泡麵的味道就想吐。你看，錢不是那麼好省的，簡直像在受刑。

我省錢是為了能夠住進大房子，一家人其樂融融。我可以經常陪他們看電影，陪他們去旅行。但我又希望能吃到珍饈百味，在我想吃的時候隨時就能送到嘴邊。可不想等我老了的時候，味覺退化，牙齒脫落，想吃卻吃不了，那可就尷尬了。

最可怕的生活是，你完全找不到興趣

興趣是最好的老師，它可以讓你在學習上事半功倍。但可惜的是，我們無法對所有事物都保持濃厚的興趣，更讓人無奈的是，我們不能只學習自己感興趣的東西，所以，在遇到沒有興趣卻又不得不學習的知識時，聰明人會懂得用儀式感去製造源源不斷的興趣。

「時至今日，我依然記得，我曾經是為了什麼提起畫筆的。」這句話是堅持努力後，考上中央美術學院的女學生林玲說的。她說自己喜歡上畫畫的原因來自小時候的一次外出，在公園裡看到一位老者在寫生，在碧綠的湖水旁，和煦的日光裡，茂盛的樹木前，潔白的雲朵下，那位老者穿著潔白的襯衫，手持著畫筆，用色彩的魔法把身邊的美好景色收攏在那小小的一方畫布上。林玲完全被畫上的風景吸引住了，心好似也飄到了畫裡，讓她忘記自己。直到媽媽來拉她，才依依不捨地離去。

濃厚的興趣源於內心。每天回家看著窗外的風景，林玲就會不斷想起那位老者畫畫時的一舉一動，跟著很想拿起那神奇的畫筆，也描上幾道，把美景統統收進自己的畫布。可是林玲的父母太忙了，沒時間管她，奶奶也不關心這些，於是她從媽媽的教室裡拿了幾根彩色粉筆。絢麗的顏色點燃了她的欲望，她興沖沖地跑回家，用粉筆在白色的牆壁上，一筆一筆地畫起來，幸福與喜悅充滿了她小小的心靈，雖然只是簡單的線條和單調的顏色，卻讓她無比快樂。

媽媽回家後看見林玲把牆塗得亂七八糟，並沒有批評她，只是抹掉她臉上的粉筆灰，幫她換了一身乾淨的衣服。而讓林玲感到驚喜的是，第二天，她的桌子上擺著一堆水彩筆、蠟筆、鉛筆，還有幾張大大的白紙。媽媽還為她報名繪畫班，從此以後她每天都不停地畫，一筆一筆編織著夢想，一點一點用心去描繪。長大後，她憑藉著扎實的基本功考上了中國美術的第一學府。

林玲說，她永遠也不會忘記自己在公園裡看那位老者畫畫的過程，那個過程在當時的她的眼中，就是一種最美好的儀式，一筆一畫，一動一靜激發了她內心興趣的源泉。

興趣是最好的老師，因為有了興趣，你才會發現生命本質的色彩；因為有了興趣，無論前方有多麼大的困難與挫折，你都會勇往直前，會為心中的信念矢志不渝地努力。有了興趣的力量，不論前方是風雨還是雷電，那股暖流會支撐你，駛向夢想的遠方。

興趣可以讓你在學習上事半功倍。但可惜的是，我們無法對所有事物都保持濃厚的興趣，更讓人無奈的是，我們不能只學習自己感興趣的東西，所以，在遇到沒有興趣卻又不得不學習的知識時，聰明人會懂得用儀式感去製造源源不斷的興趣。

學霸林釗羽明明學的是網路工程專業，但她常常在自習室裡和十幾個外國留學生一起上「對外漢語課」，一方面她用英語和他們溝通，另一方面也教他們日常漢語對話，以及如何使用成語，介紹中國文化。然而，十年前的她竟是個一上英語課就打瞌睡的小女孩。她在小學四年級的英語課上，因為聽不懂課程內容而神遊，被老師逮個正著。後來，她轉學到當地最好的小學，英語成績卻始終跟不上，一直讓她的爸媽很「頭疼」。

直到有一天晚上，林釗羽像平時那樣在家裡做英語作業，其實就是抄單字，這時父親敲門而入，看到她只抄不讀很是生氣，這樣哪會有效果？

「老師說抄單字，那我就抄了，抄多簡單呀，何必管它怎麼讀呢？」林釗羽有些不理解，用她自己的話說，從小就有一種對老師的「天然崇拜」，「要自己做什麼就做什麼」。

當然，重複也是儀式的一種，它可以讓我們加深對事物的印象，只是「抄寫」這種刻板的重複儀式，和能引起我們濃厚興趣的儀式比起來，效果會差很遠。

讓林釗羽沒想到的是，那天父親拿起她的英語課本便讀了起來，不僅如此，父親還讓她也跟著讀。起初她感到有些為難，只能硬著頭皮跟著讀，但很快竟喜歡上了這種跟讀，只因這種形式讓她想起小時候模仿方言的事。

小時候，林釗羽是家人眼中的「小諧星」。一年級時她去姨媽家玩，電視上正在播放喜劇表演藝術家田克兢的獨角戲，於是她就跟著學說起了黃陂方言，雖然純粹是自娛自樂，卻把家人逗得捧腹大笑。因為感興趣，加上孩子的模仿力和記憶力都很強，林釗羽看了幾遍就記了下來。她突然悟到，小孩子模仿方言和學習英語是一樣的，就像是剛出生的嬰兒學漢語一樣，學英語和學方言最開始都是依樣畫葫蘆。但重要的是，這兩者都需要一個好的儀式來引導，比如模仿電視上的表演藝術家，或者模仿自己的父親。

在父親教她讀單詞時，她還沒有任何音標的概念，父親讀一個單詞，她模仿著父親的口形跟著讀一個。

每每如此，到了第二天上課時，林釗羽發現，課堂上老師教的單詞她竟然都會讀了，翻譯時也能明白。此後，林釗羽就把模仿方言的力氣用到英語學習上，從小學到高中，她都是這樣一直跟著錄音帶練習讀英語。

模仿父親的口形讀單詞是林釗羽學習英語的儀式，也是她對學習英語產生興趣的開始。她說只鑽研某幾個科目可怕，但找不到興趣更可怕。沒有興趣也許她什麼都做不成，所以她實在不能想像沒有興趣的人生究竟會是如何乏味和枯燥。而一個人如果真心想做某件事，上天似乎也會幫你，這也會增強信心，讓你的堅持變得更加有意義。

有趣，源於我們對生活的熱愛，能從平時細微的小事中抽取出有趣的點，建立一個有趣的儀式，幫助我們細細解讀，去發現生活的真味。有趣，能讓我們始終對世間萬物保持一種包容的態度，在平凡瑣碎的日子裡也能夠過得有滋有味。當你把自己活成一個有趣的人，活成一個有儀式感的人時，你將發現，人生有很多事情也會隨之煥發出不一樣的光彩。

李凱峰雖然是個大男生，心思卻極細膩，能夠發現生活中細微的美好。前陣子他去了一趟歸元寺，回來之後就興高采烈地告訴他的好朋友，這次去的路上，正好遇到一個女孩問他歸元寺怎麼走，他對她說：「妳跟著我走吧，我正好也要去歸元寺。」一路上他就當那位女孩的導遊，向她講解沿路風光中發現的一些小美好。到了要吃飯的時候，他提議寒冬該去吃熱騰騰的餃子，女孩同意了，於是他們一起吃了飯。

他的好朋友聽著電話那頭他興奮的聲音，就知道他一定是遇到愛情了，所以故意慢條斯理地說道：「那女孩子怎麼說啊？」他迫不及待地說，女孩誇他是個有趣的人，說他總是能發現生活中的美好，從一些小細節上能看出來他是一個非常熱愛生活的人。這還不算什麼，吃過飯之後，他們互相留了聯絡方式，發現她竟然是和自己同校的小學妹。所以說，緣分，有時候就是這麼妙不可言。

一個有趣的人必然是熱愛生活的人，他們總是能夠從生活中發現美好，因此，也總能遇到許多美好的事情。他們對生活總是抱著一種樂觀積極的態度，即使生活再怎麼疲憊，也總能從中發現快樂和溫暖。

李凱峰以前公司有個主管，今年三十好幾了，長相中等偏上，條件不錯，但是無論親戚朋友介紹多少女孩給他，最後對方都不滿意。問及原因，女孩們的理由幾乎都是

「和他在一起太壓抑、太無趣」。

無趣，就是沒有構造儀式的能力，而沒有儀式的生活註定是無趣的，但是又有誰願意把日子往壓抑裡過呢？

每個人都希望和有趣的人做朋友，想過有滋有味的生活，他們總是對事物有著敏銳的觀察力和與眾不同的觀察視角，即使是一件很小的事情，他們也能從中看到美和自由。

懂得在生活裡保持儀式感的人只會變得愈來愈有趣，聽他們聊天，看他們為生活構建那些有趣的小儀式，享受他們時常帶來的小驚喜。與他們相處，你會有一種新鮮感，這種新鮮感能夠開拓你的眼界，使生活變得更加豐盈而充實。

懂得把自己的生活過得有趣的人，不一定要家財萬貫，不一定要有姣好的容貌，但一定要有一顆豐盈的內心，善於從疲憊的生活中發現點滴的美好。他們始終都保持著對生活的熱情，懂得用儀式製造歡樂和驚喜，他們樂此不疲地行走在人生的大道上，享受著歲月的靜好。

相信如果上天給我們一個選擇的機會，那麼，很多人一定會願意成為一個有趣的人，一個懂得享受生活的人，一個在生活中處處都充滿儀式感的人。

王爾德說：「這個世界上好看的臉蛋太多，有趣的靈魂太少。」如果你碰到一個有趣的人，一個在任何時刻都心存儀式感的人，那麼請你一定要珍惜他。

沒有人會拒絕在生活中保持儀式感的人，因為我們都喜歡與懂得生活的人來往，因為他們總會在平淡如水的生活裡製造一點點小驚喜，泛起一絲絲的波瀾，他們會提醒自己不僅僅是在生存，而是在生活。他們可能會在去菜市場買菜的時候，買一朵你喜歡的玫瑰，可能會在出差時買一個你曾經很喜歡的小物件回來。

你甚至會發現，有趣的人是思維和你在同一個頻道上的人，不需要刻意逢迎，也不需要小心翼翼，可以肆無忌憚地說出自己的想法，也不用擔心對方說你格調太低；有趣的人是懂你的人，他不一定很聰明，但總能立刻明白你的意思，和這種人相處會節省很多時間成本，這種相處過程很舒服；有趣的人一定是真誠的人，他不需要你千回百轉地猜測，也不一定有很強的溝通技巧，聊天時可以直奔主題，甚至「簡單明瞭」，這些都是尤為可貴的。

相信那些生活得愜意自足的人，無不對自己了解透徹，知道自己想要什麼，不想要什麼。這樣才會有所取捨，不盲目、不會過度焦慮。同時，不可或缺的，他們都對生活充滿熱情和興趣，他們生活中的儀式隨處可見。

生活大得很，除了眼前的一畝三分地，還有很多種可能。即使有這麼多可能，還是有很多人說：我對什麼都沒有興趣！我沒有時間去享受什麼儀式！

不管你多忙，請一定要對生活充滿熱情和興趣。你會發現，只利用閒暇時間，就可以決定生活的品質。不過興趣和令人滿意的生活還有一步之遙，還差一個儀式。因為只有當興趣能夠給你帶來滿足感的時候，才會感受到真正的自足。

比如你一直對木工很感興趣，卻不知道怎麼開始，永遠只是想想而已，這就讓你沒有滿足感。因為沒有滿足感就更加沒有動力去學習，於是興趣就這麼擱置著。很多人的興趣愛好沒有發展起來，都是因為不知道怎麼開始。比如說攝影，有些人買了相機回來，花了不少錢，可是拍了幾次後發現還沒有手機拍得好，就放棄了；比如說畫畫，聽上去很美好，可是究竟怎麼開始呢？

幫興趣增加一個儀式吧！喜歡做木工的，做一個杯子送給自己，如果它醜，就想辦法改進，反正不管它長什麼樣都要有所利用。慢慢地，也許你就會努力做出另外一個杯子來替代手上這個，經過比較和淘汰，你做的杯子會愈來愈好看，甚至送人也拿得出手；比如攝影，就算拍得再難看，也要把它洗出來，然後貼在牆上做對比。你會發現，今天的照片比昨天的照片更好；喜歡畫畫的，不管是畫什麼東西，都要完成，不管它有多不好都要把它掛出來，讓自己看見，直到你有更好的作品把它替換下來……

最可怕的是你的生活裡沒有任何儀式感，甚至完全找不到興趣，對自己的人生沒有半點期待，那麼你的日子一定會平淡無奇，味同嚼蠟。

看過被譽為「抒情的人道主義者，中國最後一個純粹的文人，中國最後一個士大夫」汪曾祺的故事，據說他對自己的生活要求很高，為了吃上一道正宗的小菜，可以埋頭紙堆、尋遍古今、穿街過巷，找到最原本的味道，尋根問底，最後認真學會這道小菜的做法。他在自己的文章中寫過：安身之本，必資飲食。凡事不宜苟且，而飲食尤甚。

原本以為，這樣一個才思敏捷的大作家會不食人間煙火，事實卻恰恰相反，他和大部分人一樣熱愛美食，熱愛著我們最日常的生活。

汪曾祺在《人間草木》裡面寫：在黑白裡溫柔地愛彩色，在彩色裡朝聖黑白。浮雲一別後，流水十年間。曾經知己再無悔，已共春風何必哀。虔誠地呼喚風，那一刻，人與天有種神祕又真誠的交流。光才是現實世界，而樹木不過是用來反映和折射光的間隔物。

細細想來，生活中的儀式感代表著我們努力生活的態度，代表著追尋美好事物的濃厚興趣。當然，人生不如意事十之八九，連古時的皇帝都尚且如此，何況你我？

但為了那平淡生活中的片刻歡愉，興趣是要有的，儀式感也是必需的，這就是所謂的人間冷暖，煙火未變。

PART 3

儀式感是給我們
找到真實自己的契機

儀式感，就是讓我們的生活充滿節奏

我們可以利用特定的儀式帶來的儀式感，給自己強烈的心理暗示，這能使自我變革，讓專注力、反應力迅速提升。在很多情況下，儀式感可以帶來節奏，讓我們做事時事半功倍。

折了紙飛機後，總習慣對著飛機尖端哈一口氣，再讓它飛向遠處，好像這樣它就能飛得更遠；和別人對打前，總會擺出一拳在前、一拳在後的架勢，接著再出手，似乎這樣一來勝算就會大一些。

我們都知道這些行為無法讓結果產生變化，可是為什麼很多人還要鄭重其事地去做呢？

這就是儀式感的一種節奏，我們可以利用這種儀式帶來的儀式感，給自己強烈的心理暗示，這能使自我變革，讓專注力、反應能力迅速提升。在很多情況下，儀式感可以帶來節奏，讓我們做事時事半功倍。

村上春樹認為儀式感是一件很重要的事，而且如他所喜歡的音樂一樣，具有強烈的節奏感。他把這種節奏感帶進自己的小說，以至於每一部作品在大多數讀者看來，都如同一首曲子一樣，有著一定的節拍，或快、或慢、或柔情蕩漾、或激情昂揚。

有位游泳運動員說，自己剛開始學游泳時很笨，還沒游多遠就已經累得氣喘吁吁，感覺再也游不動了。他作夢都沒想到居然會成為專業的游泳運動員，並在日常的訓練裡，每天游好幾萬公尺。

教練剛開始教他時說，如果你感覺累、感覺身體在水中很重，那就是因為還沒有游出節奏感。比如最基礎的蛙式，不管是雙腿一踢、雙手一划，還是雙腿兩踢、雙手一划，都要記得伸直腿，停頓兩秒，讓身體完全放鬆，游出節奏感後，才能愈游愈快，愈游愈輕鬆，愈游愈遠。

不僅僅是游泳，生活中還有許多事情都需要節奏才能做得更好。比如學習，很多學生常等到要考試了才開始學習，快畢業了才慌慌張張地去考證照。也許憑著一時的聰明，集中精力突擊也能僥倖應付過關，但是在這種情況下學到的知識，真的懂了嗎？能加以利用嗎？這種應付考試的學習不過是在騙自己。

一位學霸在現場演講時說，學習絕對無法一步登天，它是一件細水長流的事，任何科目都講求日積月累，才能厚積薄發。而且別對讀書有深仇大恨，我功課好，並不是比大家更努力發憤、更臥薪嘗膽，而是因為我懂得把認真看書當習慣，持之以恆、一步一腳印，才能走得踏實穩定。

他實在想不通，為什麼有些人可以在讀書時分心去做其他事，這樣根本讀不進去；然後又在休息的時候，想起成績不好，逼迫自己去讀書。他說：「該讀書的時候就全心全意地讀，等到休息的時候，就完全把讀書拋諸腦後，痛痛快快地做自己喜歡的事情。」這才是正確的節奏。

而除了讀書困難外，生活沒有節奏的人往往工作能力也不出眾。他們的工作模式缺乏節奏感，計畫一個月完成的項目前鬆後緊，剛開始懈怠著不肯開工，等到結束時間迫近了才拚命加班，沒日沒夜地忙碌。

可想而知，這種工作節奏做出來的專案會是什麼品質。

這樣趕工出來的結果會好嗎？

肯定是錯誤百出，品質粗糙。等到工作完成時，整個人也是筋疲力盡、灰頭土臉，久而久之，就連健康也大受影響。生活就像一部小說，要安排有序、張弛有度，開始之後發展、高潮，最後是結局，這樣才能環環相扣，引人入勝；生活也像是優秀老師上的一堂生動的課，課前先備課，正式講課時要深入淺出，開始要引起學生的興趣，中間自然過渡，講到重點時要適度緊張，結尾複習時再放緩節奏，一堂課下來，學生既不會過分緊張，也不會過分鬆懈；生活更像是音樂人譜的曲，要有前奏、過渡、高潮、結尾，才能有獨特的韻味。

就算只是日常生活中的一頓晚餐，我們也要細心地提前準備食材，精心烹調，還要有漂亮的餐具和精緻的擺盤。用餐時，也要為了這餐美食而保持一種節奏，一口一口地細嚼慢嚥，細心地品嘗味道，而不是風捲殘雲般地狼吞虎嚥，一掃而光後不知其味。

把節奏融入生活裡就是一種儀式，而儀式感往往能讓我們生活得更有節奏。

雖然我們沒有辦法控制時間的流逝，沒有辦法回避所有的艱難和坎坷，但可以牢牢把握住生活的節奏，別因為緊張而亂了陣腳，也別因為太過逍遙而無所事事，生活中的許多儀式都可以讓我們把生活過得張弛有度，充實而快樂。

儀式感，就是讓我們的生活充滿節奏。我的朋友秋秋就是一個把日常生活過得極其有節奏感的人。

秋秋是一家五百強企業的人事總監，她說，人事工作是公司發展中很重要的一個環節，它聯繫著上司和員工，既服於老闆的決策，又與基層員工的利益息息相關，是老闆與基層之間的推動劑和潤滑劑，看似簡單平常，實則包含很多學問。人事工作是繁瑣且複雜的，它不僅僅體現在工作時間上，更需要深入所有員工的生活當中，這讓秋秋的工作時間不能自由調配，而且總是很忙碌。儘管這樣，她卻依然能把工作和生活都安排得有條不紊、亦張亦弛。她經常抽空去健身，身材一直玲瓏有致；她和老公去過很多地方旅遊，留下一整面牆的照片；她家的展示架上，則放了很多她和孩子一起做的、別致的玩具和手工藝。

秋秋把生活的從容，歸功於節奏和計畫。平日的早上她都會早起半個小時看書，在書頁的清香中迎來嶄新的一天；中午吃午餐時，她會在網路上學習親子小手工的課程，然後網購買好材料，晚上回家就能和孩子一起製作；她會陪孩子去上補習班，送孩子進入教室以後，就去附近的健身房，練習一個小時瑜伽；她會每天晚上講睡前故事，等孩子入睡以後，就和老公兩個人依偎在客廳沙發上，一起聽音樂，或者在網路上看一部電影。

週末，秋秋還會帶孩子出去郊遊，或是和老公去看場舞臺劇。如果哪個週末宅在家裡不出門，她也會精心烹飪美食，製作一些精緻小巧的餅乾和蛋糕；她會定期和朋友聚會，和姐妹們一起美容、逛街、喝下午茶。放長假的時候，則通常是一家人出門旅行。讀萬卷書不如行萬里路，到處去走走看看，讓身體和靈魂一起走在路上，是秋秋一直以來所堅持的生活方式和人生節奏。

無獨有偶，吃貨小米也能把日子過得繁忙而不緊張，從容不迫。他是廣播電臺的主持人，每週有三天需要凌晨五點到電臺播報路況；他還是一個美食廣播節目的主播，為了替廣大聽眾朋友蒐集第一手的美食資訊，他經常親自去探索城市角落裡的美食餐廳；還經營著一家私房菜館，生意興旺，每天的事情非常多，要設計菜餚、監督貨源，也要管理員工，更要了解顧客的建議和感受。即使這樣，小米同樣能夠抽出時間來健身、學習，和朋友們聚會，去國外采風和旅行。

甚至有聽眾打電話到節目問他，你怎麼有時間做這麼多事情？

他笑著回答說：「我也希望一天能有四十八個小時，我最不嫌棄的就是時間多，因為每天要做的事太多了，好像總是做不完。但那不可能，我和大家一樣，都只有二十四個小時，所以，只能從有限的時間裡去計畫、擠出時間來，其實我們都有很多時間碎片可以利用。每天早上報完路況以後，我會和店長視訊十分鐘，檢查他們的工作是否到位；中午我一定要睡一個小時的午覺，保證下午有足夠的體力工作；當主播工作結束以後，繼續工作三到四個小時；每晚睡前一定會確認好明天店裡的工作表，接著喝一杯牛奶，讓自己更容易入睡。當然，適當的時候也必須要偷個懶，讓身心放個假，我每年都會關店一次，帶員工去旅遊，人都是需要休息和放鬆的，不然就像弓弦一樣，綳太緊的話，遲早是要斷的。」小米在節目裡這樣告訴他的聽眾，「大家認真分析一下，不難發現每天的活動，八十％以上都是可以自己掌控的。所以，我們要學會有計畫、有節奏地進行這些活動，學會統籌安排，分清楚輕重緩急，才能過得從容不迫，不會感覺每天都有忙不完的事情，讓自己活得很累。」

儀式感可以讓我們的生活充滿節奏，而讓生活有節奏，歸根結柢，是一種能力。

人生都是平淡而匆忙的，但是總有些人生活得豐富多彩，亦張亦弛，富有節奏感。他們對於幸福的觸角，比任何人都敏感，他們熱愛生命中的細枝末節，鄭重地對待每一件平凡的小事。簡單的日常生活在他們細心經營計畫之下，也變得活色生香。

真正的儀式感不是沐浴焚香、肅穆以待，也不是奢靡豪華、鋪張浪費，而是把生活過得富有韻律感，就算只是柴米油鹽的生活瑣事，也要提前計畫，做好充分的準備。對於那些懂得掌握節奏感的人來說，在光鮮亮麗的生活裡，緊張拚搏與放鬆休憩同等重要，每一個環節都要全心全意地享受。

生活都需要平衡點：太忙則真性情不見，太閒則別念竊生！

太過忙碌的時候，要學會緩一下，轉移自己的注意力，調節事情的節奏，不要操之過急；太過悠閒的時候，也許需要去找點有意義的事情來做，比如挖掘興趣，學個技能，報個才藝班。在忙與閒之間找到平衡感，才能過得充實又舒適，開心而有成就感。

人生在不同階段需要有不同的節奏。童年時期是天真無邪、盡情玩樂的節奏；少年時期是好好學習、天天向上的節奏；青年時期是兼容並蓄、成家立業的節奏；到了中年即是中流砥柱、擔當責任的節奏；而老年則是安享晚年的慢節奏了。最終，不同的節奏，合奏出精彩的人生。

儀式感，就是讓生活充滿節奏，人生需要變化、經歷豐盈，也需要我們在任何情況下都能從容面對。如果不喜歡白開水一樣的生活，就要改變生活的節奏，尋找到屬於自己的韻律，不疾不徐、不慌不忙，從而活出精彩的人生！

儀式感，能夠更提升我們的行為力

儀式意味著人從一種狀態向另一種狀態轉化的過渡階段。

儀式有時候是為了轉變角色，就像勝間和代放在書桌上的那面鏡子一樣，可以幫我們準備好走入另一種空間、時間和角色。

心理學中有一種錨定效應，因事物的不確定性而產生恐懼時，人可以透過預測、設想來降低內心的不安。儀式在某種程度上就是一種心理錨定，給人確定感和秩序感。生活的儀式是內心與世界之間的一座橋梁，帶來的自我暗示會讓我們更專注認真，也更能體會日常中的趣味與美好。

朋友吳宇星練了很多年跆拳道，已經拿到黑帶，卻還是年年報跆拳道班，我開玩笑說：「你又不是要參加奧運，練個意思就好了吧，幹嘛年年都要花這個錢啊？」

他很認真地告訴我，跆拳道教會他的不僅僅是簡單的格鬥和對抗技能，還有一種充滿儀式感的行為，這可以讓他的專注力與效率得到提升。

每次訓練開始，老師都會說一聲：「Osu!」只要這個詞一出現，周圍所有人的神情都會馬上嚴肅起來，連呼吸都保持一種特有的節奏。也正是這個詞，讓他感受到儀式感的力量。因為它是一個敬詞、問候語，象徵著耐力、決心以及堅持。吳宇星告訴我：「跆拳道是一項極其嚴格的訓練，需要逼迫自己的體能趨向極限。所以訓練者要透過象徵性語言來激發鬥志與潛力，向自身傳播信號，讓身體各方面的機能在短時間內迅速達到完美狀態。最後在個人的思想中建立銅牆鐵壁，不斷給予自己暗示：要努力克服痛苦，要專注地訓練。」

說到這裡，他講了件小時候的事。那時每天出門前，爸爸、媽媽都會給他一個擁抱，臨睡前還會一邊握著他的手，一邊講故事給他聽。這樣的動作讓他感到無比的溫暖和安心，而這個睡前故事最後也成為他每天睡覺前的固定模式，不用父母提醒，自己會產生一種強烈的自我暗示：故事聽完了，現在我要睡覺了。

吳宇星的話，我似懂非懂，他見狀又進一步解釋道，簡單來說，儀式感就是一種強烈的自我暗示，也是一種精神上的禮儀。而把它應用到時間管理上，這種自我暗示就是一條明確的分界線，將人的生活狀態與工作狀態進行劃分。一旦完成了充滿儀式感的動作，內心便會出現提示，讓自我發生變化，將自己的反應能力、思考能力與專注能力提升到一個「絕對工作」的狀態。

他說勝間和代的女士是日本非常有名的「職場女神」，十九歲就通過了日本註冊會計師複試，是歷史上最年輕的通過者。歷經安達信、麥肯錫、摩根大通的工作後，獨立成為經濟評論家，被《華爾街日報》評為「全球最值得矚目的五十位女性」之一。

勝間和代在一次NHK的採訪過程中，曾透露自己進入「絕對工作」狀態的一個小儀式。她說早年在準備註冊會計師考試時，會放一面鏡子在書桌上。從鏡子放上去的那一刻起，她便會全身心投入到學習狀態。因為一旦她偷懶，就會從鏡子中看得一目瞭然。

也就是說，我們可以用一種儀式讓自己很明確地分割時間，該工作的時候工作，該休息的時候休息，就像跆拳道中的「Osu」是一種開始，而睡前故事是一種結束那樣。

很多人之所以效率低，並不是因為能力的問題，很大原因在於他們沒有將工作狀態與生活狀態分開來，沒有區分就意味著這兩種狀態會攪成一鍋粥。工作的時候想著玩樂的事，玩樂的時候又想著煩心的工作，於是造成該享受生活的時候，並沒有百分之百地享受；而該工作的時候，也沒有全身心地投入。

儀式有時候是為了轉變角色，就像勝間和代放在書桌上的那面鏡子一樣，可以幫我們準備好走入另一種空間、時間和角色。

英國著名人類學家維克多·特納（Victor Turner）曾經用「liminality」解釋儀式一詞，這個詞的詞源意味著「門檻（threshold）」。在特納的論述中，儀式意味著人從一種狀態向另一種狀態轉化的過渡階段。

維克多·特納告訴我們，從時間維度的角度最容易理解儀式的作用。

比如猶太教和伊斯蘭教的割禮，透過物理的（割除包皮）到象徵（穿著正式、念念有詞的拉比或阿訇，參加儀式的群眾），向世界宣布一個新的（男）人的生命正式開始了，或視具體施禮時間的不同，也可能是代表這個男人已經成年，可以結婚了。

再比如現在開始流行的單身派對（Bachelor Party），則是透過狂歡的形式來表示一個時代的結束，我以後就是一夫一妻制的信徒了；或是小學上課時鈴聲一響，隨著「起立」、「同學們好」、「老師好」、「坐下」的聲音，一個輕鬆的時段結束了，接下來的四十五分鐘是學習的時間。

儀式感是一種莊嚴的禮儀，我們能借助它進入一種忘我的境界、一種全力以赴的狀態。這種小小的自我暗示看起來微不足道，卻是一個強而有力的槓桿，能夠大幅度提升人的行為力。

鄭微每天為了趕在圖書館八點開門時占到座位，通常會在七點二十分起床，除了簡單的洗漱，還要把頭髮整理好，拍上粉底，拿著早餐去排隊進館。隨著「大部隊」進入圖書館後，她會趕快找到位置放下書，接著從包包裡掏出化妝包衝進洗手間，用十幾分鐘的時間化好妝。這是大學生鄭微每天的儀式，她認為這個儀式為考研究所做出了巨大的貢獻，是考到名校的重要祕笈之一。

鄭微說，只有化好了妝，才能堅持一整天都待在圖書館裡讀書，不然就老是懷疑自己不好看，想要回宿舍藏起來。同樣備考研究生的張小雪在做一件重要的事情前，也要先化妝。在她看來，化妝的過程就像是一個儀式，讓她靜心，接著便能進入最佳的學習狀態。

說起學習的儀式，大學生們的習慣可說是只有想不到，沒有做不到。

倒一杯熱水，在書桌的右手邊擺好，再把筆袋放在正前方，這是楊凱開始讀書前必備的儀式。他說，幾乎每次開始讀書之前都會將水杯、筆袋擺好。如果哪天沒有這麼做，讀書的時候就會感到不踏實。在楊凱的眼裡，讀書本身就是一件充滿著儀式感的事情，在這之前將物品按習慣擺好的過程，會讓他更好地調整心態，穩定情緒。而如果是去咖啡廳讀書的話，楊凱每次都會先點一杯咖啡，對他來說，這樣會學得比較踏實。買一杯咖啡，就感覺買了這一天在咖啡廳的讀書時間，不會再想要去做別的事，而是只考慮與讀書相關的事。

楊凱的同學周正，他的讀書儀式比楊凱還奇怪，他喜歡邊聽音樂邊讀書。對於周正來說，儀式感不僅可以讓他直面讀書，甚至還可以躲開中斷讀書的藉口和干擾。當然，如果周正意識到自己被音樂影響了，就會自動改成用耳塞。他說：「我不喜歡別人翻書的聲音，這會讓我很煩躁。外界的聲音大概就像聽力考試時翻考卷的聲音一樣吧，在思考時會很影響我。」雖然有聽著音樂讀書的習慣，但周正一直是個學霸，因此父母從未對他的習慣表示反對或干預。在周正看來，只要能學下去、學得好，用什麼奇怪的儀式都無所謂。

我們大部分的人都容易把自己一直放在同一個狀態下，很難轉換，想要轉換就需要一點點改變，而這種改變叫做儀式。儀式是將外界事物與自我精神緊緊相連的途徑，我們藉由這種儀式給自己強烈的自我暗示，使自己變革，把專注力、反應力、情緒等迅速提升，從心理上來講，儀式感暗示你必須要認真地去對待這件事。

換上舒適的家居服、認真準備一頓晚餐是生活裡的儀式，這頓晚餐告訴你，你是在生活；著西裝是職場裡最好的儀式，正式的穿著與溝通可以替這份工作增加尊重。

生活裡的儀式豐富了記憶，讓生活多了些回憶和值得珍藏的點滴；工作中的儀式提升了責任感，讓職場裡的人更加自信，更加懂得自己工作的意義。

儀式讓內心和身外的世界建立聯繫

儀式感可以讓內心和身外的世界更好地建立聯繫，使我們可以透過一些抽象的事物去感知和理解這個世界。儀式之所以重要，不是強化精神或「加持」物質，而是將二者相連，將外界的物質與我們心中所理解的世界結合起來。

有沒有發現，有些人會突然出現在你生命裡一段時間，然後又消失不見。或許並不是消失不見，只是你們的聯繫開始變少，逐漸變得陌生，就算再見面也不知道說什麼。之後你弄丟手機，失去他的聯絡方式，最後終於成了陌生人。我不知道這究竟是怎麼一回事，但事實就是這樣，你總會失去幾個曾經無比熟悉的朋友，彼此在不知不覺中漸行漸遠。

在分別的時候，比如畢業、搬家，或者換工作，我們曾經恨不得把一些人的戶口名簿和身分證都拿出來照抄一遍，銘記一生。我們都說好要經常相見，卻沒想到最後會再也不見！

朋友告訴我，她和交往多年的男朋友分手了，聲音很平靜，表情很淡定。

問她為什麼，她說兩個人在一起久了，感覺好像不合適就分手了。

我問：「就這麼簡單？」

她點點頭，貌似很坦然的樣子：「就這麼簡單。」

她輕輕地嘆息，我不知道怎樣接話，只好保持沉默。片刻後她說：「我原本以為兩個相愛的人要分手，至少會有個簡單的儀式，至少要發生一件轟轟烈烈的大事情，比如出現第三者、比如某方患了絕症，或者至少是關乎金錢和前途的抉擇……但有時候真的沒有那麼戲劇化。僅僅是忙碌、淡漠、疲乏，就足夠結束一切了。」

當然我也見過一些人在分手的時候鬧得要死要活，服毒、割腕、跳樓跳河，要你安慰，要你聽她歇斯底里的傾訴，你的衣服被她的鼻涕和眼淚糊了一身，你打著哈欠收拾她喝完酒發酒瘋後留下的一片狼藉。雖然這些行為並不光彩，可是對於分手的人來說，這是一個儀式，一個能化解這份痛苦的儀式。

有了這個儀式，情緒才會得到發洩，受傷的人才能在時間撫慰下恢復到正常狀態，慢慢地平靜下來，換一種心情，再愉快地牽起下一個人的手，堅定不移地邁出幸福人生的步伐。

有人問我，愛過是不是就不會忘記？

我想說：遇到，會感恩；錯過，會釋懷！人生就像漫步星空，遇到的那些人，有些是恆星，有些註定是流星，不可能一一把握。但當我們有幸從茫茫星河裡找到那顆恆星以後，就可以笑著流淚了。

據說，我們的一生一般會遇到八百二十多萬人，會打招呼的是三萬九千多人，會和三千六百多人變熟，會和二百七十多人親近。

相遇和離開都是一種儀式，儘管對此心知肚明，看到這個資料時，我卻依然感到悲傷。不談那些只打招呼的三萬多人，原來我們一輩子至少要損失三千多個相熟的人，而最終只能與二百七十多人親近。

在生命裡，每天都必然會遇到一些人，同時又失去一些人。很多遇見照亮了生活，溫暖了歲月；很多離開暗淡了心情，促使我們成長。生活總是因為聚散離合而多采多姿，人生也因這些相遇和離開而充滿悲喜。

有人說，前世相欠，今生相見。原本有些相見，就是為了續前世未了的緣；也有些相見，是為了還前世相欠的債。所有的遇見都是有緣由的，沒有人會無緣無故地來到你的生活中，也沒有人會無緣無故地離開。

還有人說，這輩子都不一定能遇見，就別想下輩子了，相見不如懷念。有時候，遇見很容易；有時候，遇見又很難；更多的時候，見與不見，只在一念之間。

有些遇見，不在乎天長地久，卻在乎曾經擁有；有些遇見，不在生活中，卻在生命裡。

得到與失去也是一種儀式。當它們在我們的生命裡頻繁出現時，就形成一種習慣。既然有所得，那麼有所失也就沒有那麼可怕，甚至我常安慰自己，也許下輩子還會遇見。

可是人生沒有下輩子，今生的每一分每一秒都彌足珍貴。不要以為時間還早，不要以為年紀尚小，也不要以為過了今天還有明天，我們都不知道明天和意外哪一個會先來，唯一能做的就是好好把握當下，不去想以後。

無論這輩子兩個人能相處多久，無論這輩子是愛還是不愛，都請好好珍惜共聚的時光。下輩子無論愛與不愛，都不會再見。

生活中存在著許多我們無法左右的東西。比如今天在街角看到一朵美麗綻放的花，明天再去看，它可能開始枯萎，到了後天，它也許已經凋謝。

儀式感可以讓內心和外部世界建立聯繫，讓我們透過一些抽象的事物去感知和理解這個世界。

過去許多哲學體系中，人們偏好於二元的模型——物質和精神，於是便有唯物與唯心的對立，這兩個似乎不可調和的派系鬥爭了幾千年，從希臘學院到今天的網際網路，直至此時此刻還有人在為此爭論不休。

但物質和精神或許並非對立，他們不過是世界模型的兩個端點，在爭論誰是起點的時候，是不是也要考慮是什麼將這兩個端點連接起來？

明代思想家王陽明將這個過程描述為「身、心、意、知、物」，拋卻身這種個人本體不說，心和物之間還得透過意和知，與現代部分歷史學派所關注的觀念和文化這兩個概念不謀而合。而這兩個概念，就是儀式感的本源。

有一個講王陽明和朋友到山間遊玩的故事。朋友指著岩石間的一朵花對王陽明說：「你經常說，心外無理，心外無物。天下一切物都在你心中，受你心的控制。你看這朵花，在山間自開自落，你的心能控制它嗎？難道是你的心要它開，它才開的；你的心要它落，它才落的？」

而王陽明的回答很巧妙：「花當然是自開自落的，可是它能不能擾動我的心卻是由我來決定的。哪怕天崩地裂、洪水滔天、電閃雷鳴、暴雨大作，只要我心中安然，便永遠是在桃花源、豔陽天。」

一朵花的開落是一個無法改變的過程，正如一個人的衰老也是無法抗拒的。所以要有積極的觀念，在內心塑造美好的意境，因為你擁有怎樣的內心，便擁有怎樣的人生。只有內心是美好的，才能看見美好，人生才會充滿無限光明和溫暖的愛。

另一個故事是關於王艮與王陽明的。一天，個性極強的王艮出遊歸來，王陽明問他：都見到了什麼？王艮以一種異常驚訝的聲調說：「我看到滿街都是聖人。」

王艮這句話別有深意，他來拜王陽明為師前是個狂傲不羈的人，拜師後也未改變「傲」的氣質。王陽明多次說：「人人都可以成為聖人。」王艮不相信，他始終認為聖人是遙不可及的，所以那句「我看到滿街都是聖人」其實是譏諷王陽明。而王陽明大概是猜透他的心思，於是就借力打力，道：「你看到滿街都是聖人，那麼滿街的人看你也是聖人。」

王陽明的這句話是有深意的，如果人心中有無限的包容、友愛和善意，那麼誰不願親近他，誰不愛戴他呢？自然地，滿大街的人看你也是聖人了。

短短一句話，既說出了一個人應該具有的文化修養，也道出了教化世人的最好方式——以身作則，感化世人。所以別再懷疑和抱怨，加強自身的修養，樹立文化儀式感，你會看到一個包容和友善的世界。

儀式之所以重要，不是強化精神或「加持」物質，而是將二者相連，將外界的物質與我們心中所理解的世界結合起來。

有信仰者的心中，必然有一個信仰的世界，這個世界有自己的規則，其本身與「物質」的世界必然是不同的。若說些不敬的話，神聖造像不過是些特殊形狀的金石，焚燒的香料也不過是特殊氣味的木材而已，但是透過儀式，金石、木材與心中的神聖形象和神聖氣味結合，在信仰者眼中，身邊的物質世界便與心中的信仰世界有了重疊。

個人的心靈必然是孤獨的，因為一個人的觀念必然與別人不同，甚至無法表達。但儀式給了個人和他人在心靈上同一的可能，透過特殊的器具、行為、程式，將個人意識中的某一部分與這些文化符號上所附著的意義同一化，從而使人們產生歸屬感，這就是儀式的重要所在。

禮儀即禮節與儀式，不學禮儀則無以立身

禮儀素養是立身處世的基礎，文明禮儀是人生道路上的通行證，齊家、治國、平天下皆始於修身。良好的文明禮儀素養，能夠為我們實現夢想奠定堅實的基礎。只有先學會做人，才能真正學會做事。

從小到大，我們在走廊上遇到老師要主動問好，上課前要起立鞠躬，向老師問好，下課要再次起立鞠躬，向老師道別；每週一的升旗儀式，要升國旗、奏國歌、行隊禮，還要聽老師演講對上週的總結和對本週的期望；跳體操的時候，我們要排好隊，跟著節奏，動作整齊劃一……也許學生時期在做這些的時候，並不理解這是為什麼，甚至會有些反感。

古時候，人們極其講究禮儀，比如開學禮、成人禮、拜師儀式、結拜儀式等。這些

並非都是封建舊思想的糟粕，很多精華仍值得我們好好學習，並傳承下去。古時候，儀式中包含著一種承諾，將一些美好的價值觀傳遞給孩子。就像拜師收徒弟需要下跪、敬茶，這意味著老師承諾會盡心教導徒弟全部的學問，以及做人處事的原則等，而徒弟則承諾不忤逆師長，不做有辱師門之事。成人禮則是讓孩子明白身上的責任，告訴他們將要為自己的行為負責，這也是一種承諾。

如今大學裡早已經不像中學、小學那樣，嚴格執行課堂禮儀，就連起立問好也省略了。近日上海有所大學在各個教室裡重新拾起課堂禮儀，得到廣大師生的支持和社會的熱議。

發起者表示，上課禮這種儀式的實施有兩方面的好處：一方面是對學生的提醒，使大家能夠盡快調整好狀態，將注意力集中到課堂上；另一方面，師生相互問好也可以促進雙方之間的交流溝通，讓課堂變得更加溫馨。

學生湯培文說，在印象裡，離開中學後，已經有好幾年沒有在課堂上起立問好了，剛開始時多少有些不習慣，但當聽到同學們齊聲問好時，整個課堂的授課環境頓時顯得溫馨起來。他說，從表面上看這只是課堂禮儀，培養大家尊師重道的意識，但實際上做為一名大學生，在學習專業知識和技能的同時，更要學會如何做人。課堂禮儀是做人的一部分，也是我們「修身」的開始。

學生張婷是班長，現在，每節課前她都要帶頭喊「起立」，她說自己特別支持這樣的上課禮儀。因為準備好上課必備的文具和書籍、講義等，安靜端坐，恭候老師到來，不僅是對老師的尊重，也會讓課堂內的學習氛圍濃重很多。同時，課堂禮儀有助於改善學生上課的精神狀態，提起同學聽課的熱情。明禮才能修身，實施課堂禮儀，意義就在於以小見大，將文明禮儀貫徹在學生的舉手投足之中，使學生養成良好的習慣，為將來進入社會打下基礎。

禮儀是一個人、一個民族文化素養和道德修養的外在表現，是一個社會、一個國家文明形象的標誌。兩千多年前，孔子就告訴弟子「不學禮，無以立」。

禮儀素養是立身處世的基礎，文明禮儀是人生道路上的通行證，齊家、治國、平天下皆始於修身。良好的文明禮儀素養，能夠為實現夢想奠定堅實的基礎。只有先學會做人，才能真正學會做事。

不學禮，無以立。意思就是說，不學會禮儀、禮貌，就難以有立身之處。一個人懂得謙讓，懂得生活中的點點滴滴，懂得別人的快樂，也懂得與別人分享快樂，這是最大的幸福。如果一個人文化程度很高，卻不懂得禮儀，那他也是一個有很大問題的人。因為道德常常能填補知識的缺陷，而知識卻永遠彌補不了道德的缺失。

禮儀是指禮節與儀式。而禮儀的本質是治人之道，是鬼神信仰的衍生物。早期的人認為一切事物都有看不見的鬼神在操縱，履行禮儀即是向鬼神討好求福。因此，禮儀起源於鬼神信仰，也是鬼神信仰的一種特殊體現。中國是禮儀之邦，上下五千年，從西周視禮為「國之大柄」，到荀子的「國無禮而不寧」，再到今天口中常提到的精神文明建設，禮儀一直是傳統文化的核心。

宋代時，禮儀與封建倫理道德說教相融合，即禮儀與禮教相雜，成為實施禮教的得力工具之一。直到現代，禮儀才得到真正的改革，無論是國家政治的禮儀，還是人民生活禮儀，都改變成無鬼神論的新內容，從而成為現代文明禮儀。

中國禮儀在中國文化中發揮著「準法律」的作用。

禮儀的起源，可以追溯到久遠的過去。應當說，中華民族的歷史掀開第一頁的時候，禮儀就伴隨著人的活動，伴隨著原始宗教而產生了。禮儀制度正是為了處理人與神、人與鬼、人與人的三大關係而制定出來的。

中國古代有「五禮」之說，祭祀之事為吉禮，冠婚之事為嘉禮，賓客之事為賓禮，軍旅之事為軍禮，喪葬之事為凶禮。

民俗界認為禮儀包括生、冠、婚、喪四種人生禮儀。

實際上禮儀可分為政治與生活兩大類。政治類包括祭天、祭地、宗廟之祭，祭先師先聖、尊師，鄉飲酒禮，相見禮，軍禮等。生活類包括五祀、高禖之祀、儺儀、誕生禮、冠禮、飲食禮儀、饋贈禮儀等。這是對古代禮儀的總結彙編。這些禮儀內容對後世人們的行為規範、人際交往以及社會公德的形成，都產生極大的影響。

因此，學習禮儀知識的實際意義可以總結如下：

第一，社交禮儀是道德的示範，它代表道德觀念存在，也做為一種社會行為的標準和規範。這種標準規範、制約著社會秩序，推動人們沿襲著「禮」的規範生活，用以培養我們的善惡標準和美好心靈。同樣，社交禮儀也要求人們將自己的行動納入規範，將本性融入規矩，加以約束，時時用道德的力量支配行動。注重社交禮儀是為了維護人的尊嚴和社會的道德面貌，是文明進步的標誌。

第二，社交禮儀在人際交往中有協調作用。今天的社交禮儀所表示的主要是尊重，尊重可以使對方在心理需要上感到滿足，產生好感和信任。按照社交禮儀規範去做，有助於加強交際雙方互相尊重、坦誠相待的良好關係，緩解或避免某些不必要的情感對立與障礙。社交禮儀規範是社會生活中的潤滑劑，是協調交際關係的紐帶和橋梁。人與人之間的相互理解、信任、關心和友愛，會營造良好的社會氣氛，使每個人健康、合理的心理需求得到不同程度的滿足，從而產生開朗、樂觀的情緒，對生活更加熱愛，並使整個社會保持穩定、融洽的秩序。完備的社交禮儀，可以溝通感情，協調好上下左右、裡裡外外的關係，使誤會、摩擦消除，減少矛盾，化干戈為玉帛。

第三，社交禮儀可以促進精神文明建設，淨化心靈，陶冶情操，提高品行，客觀上也產生榜樣作用和教育目的，無聲地影響著周圍的人。與外國交往時，注重禮儀，還可以展示人民的精神風貌，增強民族自尊、自信、自強的精神，加深與世界各國人民的友誼交流，提高國際地位和威望，使中華民族的優秀文化傳統得以弘揚。

相比心靈雞湯，儀式感將帶給你更加強烈的自我暗示——

失敗者有時比成功者更聰明，但他們不願堅持到底，不願重複一個信念；相反，成功者通常能夠堅持到底，願意重複一個信念，並能在重複的過程中克服一切困難。這就是失敗者與成功者的最大區別。那些懂得在重複中利用儀式感來消除潛意識裡負面資訊的人，通常都會獲得好的回報。

生活節奏愈來愈快，讓很多人習慣了外食。吃飯前，不管在高級飯店還是在路邊攤，都一定要用開水來沖洗碗筷，但其實這不能有效殺菌。科學實驗證明，餐具在開水淋燙後，細菌數值只下降不到三％，效果非常微弱，就算知道這個道理，之後每次吃飯前還是會忍不住用開水來燙洗碗筷，只因習慣成自然，餐前燙碗筷更像是一種儀式。它的作用從一開始的殺菌最後變成心理安慰，覺得過了這次水，碗筷就會更乾淨，也就更加放心，吃得更香了。

計程車司機楊先生經常和他的乘客講一件事：鄰居家有個老太太，每天和媳婦吵架，說媳婦對她不好，做的飯不好吃，讓她沒有胃口；為她準備的枕頭、被子不夠軟，讓她睡得不舒服；媳婦晚上玩手機，也鬧得她心裡不舒服。就這麼吵著吵著吵了一年多，有天媳婦實在忍不住了，說：「媽，妳怎麼能舒服？醫生早就說了，妳肺臟上長了一顆腫瘤，是癌症，妳當然會不舒服！」

媳婦這麼一說，老太太突然意識到自己可能活不了多久了，於是架也不吵了，非常主動地去休息，還到處尋醫問藥找偏方，可是沒過三個月人就走了。

兒子總是怪老婆：「妳怎麼能把生病的事情告訴媽呢？」老婆很委屈：「醫生早就說過她也許撐不過半年了。」

科學研究發現，潛意識能在一段時間內主導人的感覺。如果用另一種思想反覆灌輸大腦中的潛意識，原本的思想就會慢慢衰弱、萎縮，換新的思想占上風，就像一卷錄音帶裡錄了新的音樂，原來的就被替換掉了一樣。因此，反覆灌輸給大腦的另一種思想如果是正面的，事態就會朝著積極的方向發展；反之，事態就會走向消極的一面。

潛意識是你的內在聽眾，必須說它聽得懂的語言，否則，它不會理睬你所說的話。

潛意識最懂得帶有強烈情感和感受的語言。這類語言絕不能帶有否定詞，如果你說「我不會害怕……」，這種否定陳述很難完全改變潛意識裡的想法，你可能還是有點恐懼，所以必須用另外一種新的而且積極的言辭來代替，比如「我充滿自信」之類的肯定語，並且投入所有情感，才能產生較好的效果。

神經系統是很「笨」的，當我們的肉眼看到一件喜悅的事時，它會做出喜悅的反應；看到憂愁的事時，它會做出憂愁的反應。而如果我們用「心眼」去「看」喜悅的事或憂愁的事，神經系統也會做出相似的反應！

這些喜悅或憂愁的事物，以及情感強烈的語言就是產生潛意識的催化劑，是一種心理暗示。

想成功就要給予正面積極的暗示。許多科學實驗結果證明，正面暗示能夠促使我們成功，而負面暗示則會成為阻礙。如果一個孩子是聽著可以提高「自我評價」、並產生自信的話語成長，他將會擁有美好的未來；相反，聽著批評、否定等負面話語成長的孩子，就會被灌輸自卑感，很容易陷入心靈的陰影。

暗示可以用來控制自己，也可以用來控制他人。如果是正面的，將促使人進步，成就將極為了不起；但如果是負面的，它將會帶來失敗。

法國數學家、哲學家帕斯卡（Blaise Pascal）曾說：「跪下，動動嘴唇祈禱，你就會相信！」

就像那些女孩，需要有燭光晚餐、鑽戒、表白、婚禮等帶有儀式感的行為，才能更相信原來你是愛她的。這並不是女孩太矯情，而是儀式感這個東西就是這麼神奇，它會帶給人一種強烈的自我暗示，讓我們無比虔誠地信服。

現在閉上眼睛想像一下，你在一個空曠的場地，馬上要進行生死對決。面對強敵，你將如何開始這場決鬥？你手持鋼刀，把右腳橫踩出一步，同時手指握緊刀把，向前虛劈一刀，左手立掌胸前，準備迎敵。

相信大家都看出來了，這是某種武術架勢。如此鄭重地做出這個架勢，並不能對敵人造成實質的傷害，那麼為什麼需要這麼鄭重、認真地做這個動作呢？

這也是種儀式。以此帶給自己強烈的暗示，讓專注力、反應能力、運動能力能得到迅速的提升。

當然，也許有人說決鬥不是常有的經驗，那麼大家有沒有想過要把東西拋得很遠，愈遠愈好？很多人在拋出物體之前，都會有閉眼、深呼吸，然後再睜眼、看向遠方這一系列動作，雖然身體、眼睛並沒有因為閉眼和深呼吸而產生變化，但這個小小的儀式卻能帶來自我暗示，讓注意力更集中，讓五感對周圍環境的變化更加敏銳，因此更容易達到預期的效果。所以我們需要儀式感，就因需要某種自我暗示，讓自己更專注、更認真地去對待這件事。

實際上，不僅僅是個人，企業也同樣需要儀式感。

比如企業的品牌影響力、用戶忠誠度、老闆的感召力、員工的策劃力和執行力等，這些都是虛擬的東西，很難用實物或數字去衡量。那如何去感知它們呢？儀式感在這裡就產生很關鍵的作用。

某知名公關公司的客戶經理曾經分享過一個案例，因為需要策劃各式各樣的活動，他們常常集合大家一起來一場腦力激盪，而為了更有效地激發靈感，他們有一個專門的會議，叫做「梳頭會」。

所謂「梳頭會」，就是準備很多種梳子，有木頭的、塑膠的、金屬的，喜歡哪個用哪個，每次開會的時候，梳子就放在桌子上，輪到誰發言，那個人要先選擇喜歡的梳子梳兩下頭髮再說話。據說梳過頭以後講話，還真的感覺神清氣爽，經絡通暢，各種好點子停不下來。在這裡，梳頭更像是一種儀式，讓他們放鬆精神，而人在精神放鬆的情況下，才能夠產生更多靈感。試想，如果一群人只是在端坐在冷冰冰的會議室裡，絞盡腦汁，愁眉苦臉，那能擠出什麼好點子來？

很多公司月度、半年度、年度都會有各種獎項。除了獎金的直接激勵外，還會頒發獎狀、獎牌、獎盃，甚至會評選明星員工，讓他們走紅毯、獲得鮮花和掌聲等。這也是一種儀式，更是一種態度和一種強調，讓大家能夠意識到努力工作的重要性，提高大家的競爭意識。

我們再來說說品牌，如何把品牌做得更加深入人心？

它會有統一的包裝；它的LOGO會出現在你常使用的物品上，比如簽字筆、快遞盒、手機殼；它會有週年慶或紀念日，有的還有吉祥物，或是請明星代言。不管是什麼儀式，都有一個關鍵點，就是重複，不斷地重複，就像廣告一樣，一遍又一遍，鋪天蓋地，要你看到，要你不只一次地看到。

部隊為什麼整齊劃一，為什麼戰鬥力強，因為他們訓練凝聚力最有效的辦法就是重複。德國總理梅克爾曾經表示過，政治家要重複說明政策，一直重複到大家都明白、認可為止。做為一個企業或一個組織的領導者，不也需要這樣嗎？就像馬雲總是樂此不疲地進行內部講話一樣。

儀式感也具有同樣的道理，需要透過各種言行舉止不斷重複，因為群體總是健忘的，那些原本看起來很形式的行為，很多人一開始內心是拒絕的，但久而久之，當人們在心態、意識上樹立起某種導向時，反而產生一種莊重的感覺。這時，「形式」就產生了積極的作用。

重複會使困難的事變得容易，使我們的鑑別力變得更強，使第六感更加敏銳，也能使我們的工作更加精確。自然而然地，成績也更加卓越。比如，開水之所以能沸騰是因為被不斷加熱，如果燒到九十九℃就停止加熱的話，仍然不能說是開水；像人們看書，重要的內容往往只看過一、兩次，你問他們看過嗎？他們說看過了，但那些重要的知識卻沒能植入腦海，不久之後便已模糊不清，這樣吸收到的知識只能算是了解、知道，卻很難做到實際應用。

知道不算，做到才算。因此我們必須反覆練習，使其成為固定的儀式和習慣。比如，在人際交往中，你明明知道愈是自然大方就愈能得到對方的認可，但有時就是做不到，這也是因為還沒有建立這樣的行為習慣。因此，要養成一個良好的習慣，就要掌握這一規律，就是不斷地自我暗示，不斷地重複暗示。

重複暗示的積極作用可歸納為以下七點。

一、只有重複才能消化知識，使其化為行動。

二、不斷提高人的能力，用同樣的能力可以完成更多工作。

三、單個過程會逐漸相互同步。

四、我們的業務能力會不斷地改善，將愈發感到安全可靠。

五、每次重複都會釋放能量，增強創造力。

六、增強敏感性，潛意識裡能更加精確地工作，使你有更強的適應能力。

七、不斷地重複一個信念會使人相信它，繼而堅信它（包括反面信念）。

知識只有在潛意識中轉化為驅動力後，才能正面控制我們的行為。練習也是如此，光知道潛意識工作原理和思考方法是不夠的，還必須要定期實踐它。因為每次重複都將帶來深化！

失敗者有時比成功者更聰明，但他們不願堅持到底，不願重複一個信念；相反，成功者通常能夠堅持到底，願意重複一個信念，並能在重複的過程中克服一切困難。這就是失敗者與成功者的最大區別。那些懂得在重複中利用儀式感來消除潛意識裡負面資訊的人，通常都會獲得好的回報。

如果你渴望成功，就必須學會運用正面的自我暗示，進行心理重建。否則，以往的那些困難和挫敗會使你在生活的各方面都陷入一種失敗的行為模式。

積極的自我暗示是一種方式，可使你遠離言辭灌輸的消極，因為這些消極可能會扭曲生活模式，令人難以培養良好的習慣。你可以經常定期地檢視一下別人對你提出的否定暗示，進行自我修正，但不要因為別人的暗示而受到太大影響。

別人的暗示本身沒有影響你的力量，只有當你沉湎於別人的暗示之中時，它們才會有力量，最重要的是你自己的想法。我們都有自我選擇的能力，所以應該且必須選擇正面的暗示，保持積極的心態。當我們習慣於想快樂的事時，神經系統便會習慣地令我們處於一種快樂的身心狀態，做起事來更能夠事半功倍。

PART 4

儀式感，
是一種人生的修行

放慢腳步，才會發現人生旅途中別樣的風景

我們一直走得很急，很少有機會停下來仔細想想、靜靜思考；我們總是習慣性地追逐，習慣性地索取，習慣性地奔走，朝著那些所謂的夢想和未來。

一個學中文的外國人向他的中文老師分享了兩個故事。第一個說的是一位在美國奮鬥很多年的華人，歷經艱難困苦，終於用血汗錢買了一棟豪宅後，卻沒有時間打理這個家。於是他雇用另一個人幫忙打理，自己則每天繼續過著忙碌的生活，早出晚歸，拚命賺錢，受雇的人卻住在他的豪宅裡，每天享受著美食，在他的健身房裡鍛鍊，在他的游泳池裡游泳，在他的按摩浴缸裡泡澡，還拿著不菲的薪資。主人的勞動成果都給這個傭人享受了，有時候想想，真不知道到底是誰為誰打工？

第二個故事講的是兩個老太太，一個中國老太太和一個美國老太太。兩個老太太在

過世後一起去見上帝，上帝問她們有沒有未完成的事情？中國老太太說沒有，因為她終於存夠買房子的錢，還在臨死前還清銀行的貸款；美國老太太也說沒有，因為她終於把自己居住的街區裡，所有她喜歡的房子都租住了一遍。

外國人告訴他的中文老師，這兩個故事在他的故鄉廣為流傳，他們覺得中國人不太懂得享受生活，沒有生活的儀式感。我們大都很拚搏，但也只知道拚搏，而且做什麼事情都要爭第一，唯恐落於人後。

讀完這兩個故事，你是不是很驚訝？擁有古老文明、悠久歷史、燦爛文化的我們，怎麼會讓別人有這樣的印象？

不過仔細想想，大多數人確實如他所言。我們這代人小時候受到的教育就是要爭氣，要在競爭中名列前茅；我們很小就在心中誦讀，一寸光陰一寸金，寸金難買寸光陰；我們一直走得很急，很少有機會停下來仔細想想、靜靜思考；我們總是習慣性地追逐，習慣性地索取，習慣性地奔走，朝著那些所謂的夢想和未來。

這兩個故事的道理，大家都懂，只是在很多情況下都身不由己，生活壓力太大，哪敢放縱享樂。

這兩個故事放在哪個國家都可能發生，生活裡沒有儀式感的人比比皆是，就連蘋果之父賈伯斯（Steven Paul Jobs）也不能免俗。他憑藉敏銳的觀察力、判斷力和過人的智慧，創造了蘋果品牌，引領人們進入全新的智慧手機時代，但在我們高舉手臂為他歡呼，向他致敬，對他膜拜的時候，這位偉大的發明家和企業家卻把生命永遠定格在五十六歲這一年。賈伯斯並沒有完全品嘗到這顆蘋果的甘甜，試想，如果這個被人們稱為神經高度緊張的工作狂，這個事必躬親的企業管理者，平時能夠多多注意、張弛有度、勞逸結合，不過度透支身體，那麼他的生命歷程是不是可以更長，為世界帶來更多驚喜？

大都市不只有繁華忙碌、車水馬龍和步履匆匆，還有隱藏在街角巷陌的慢文化，讓人頓生詩情畫意。忙碌了一天，坐在咖啡桌旁，聽著舒緩悠揚的鋼琴曲，打開剛買來的新書，一股濃濃的咖啡香夾雜著淡淡的書香緩緩飄來，歪頭細細回想這一天的得與失，看看周圍的一切是否有新的改變，是多麼愜意的一件事。

休息一下再上路也是一種明智的態度，好比磨刀不誤砍柴工。此刻給自己設定一些小小的儀式，讓自己放慢腳步，不是為了停滯不前，而是為了在下一刻起程的時候能夠輕裝上路，走得更遠。

快是一種速度，慢是一種哲學深度。如果快猶如滔滔江水，那麼慢就恰似巍巍泰山；如果人生如同修行，那麼慢也是一種歷程；如果生活是一首悠揚的曲子，那麼慢也是一段悅耳的旋律；如果人生是一本書，慢就是其中不可或缺的一頁，在慢的時光裡把它轉化為營養，充分消化吸收。

網路上有一則有趣的故事：有一條魚因為在游動中總會碰到魚缸壁而很不愉快，主人就替它換更大的魚缸。但每次換了魚缸，這條魚僅僅高興幾天，就繼續去碰魚缸壁，又不愉快了。主人沒辦法，只好將這條魚放回大海，可是，這條魚最後還是沒能高興起來，它說這個魚缸實在太大了，總游不到魚缸壁。

很多人就像這條魚一樣，把更大的空間和更多的水當成最終訴求，把刻意追求極致錯當成了儀式感。在物欲橫流的社會中，許多人耐不住寂寞，變得心浮氣躁，凡事只追求捷徑，企圖一步登天。但是欲速則不達，忙碌一陣子後，如果忘記初衷和目標，就應該放慢腳步，或者停下來，讓心靈放個假，好好欣賞路邊的風景，沉澱內心的世界。不忘初心，方得始終。

我們來到這個世界時，手是握著的，因為想抓住這個世界；死去時，手卻是鬆開的，因為什麼都不能帶走。世間，多數人是悄悄地來，默默地走，隨著時間的流逝，被人們遺忘。

很多人畢生都在奮鬥，努力證明自己生命的不凡。有的人選擇用事業成功來證實，有的人用不斷爭取來的權勢來證實，有的人憑藉巨額財產來證實，有的人則用滿腹的才華來證實。

仔細想想，是不是我們都太高估自己了？

年輕氣盛時，總是自以為是、豪情萬丈，隨著時光的流逝，當你已經學會了世故和圓滑，會突然發現，我們最看重的那個自己，無論有多麼優秀，在過去、現在，甚至是未來，都不能奢望所有人都視你為珍珠。有一句話說得好：「把自己當作泥土吧！老是把自己當作珍珠，就時時有被埋沒的痛苦。」

十九世紀美國最具影響力的作家梭羅（Henry David Thoreau），從哈佛大學畢業以後，沒有忙著找一份收入不錯的工作，他在別人最著急的時期，悠閒地走近瓦爾登湖，走進了一片詩意的寧靜之中，遠離喧囂的城市，從而創作了成名作《湖濱散記》。

北宋大文豪蘇軾被貶官到黃州時，也沒有心急如焚地上下疏通找出路，而是坦然面對，泰然處之，順勢放慢腳步。體民情、賞美景、寫妙文、抒壯志，唱出了「大江東去……亂石穿空，驚濤拍岸，捲起千堆雪」的豪情。當他被貶至惠州時，同樣不以物喜，不以己悲，放慢腳步，品味生活，唱出了「日啖荔枝三百顆，不辭長作嶺南人」的悠閒。最後，當他被貶到海南時，已超然物外，唱出「空余魯叟乘桴意，粗識軒轅奏樂聲。九死南荒吾不恨，茲游奇絕冠平生」的淡然。

緊張、痲木、筋疲力盡的我們，為什麼不能效仿他們，讓風輕輕梳理一下思緒，讓雨悄悄洗滌一下心靈的塵埃，讓陽光把灰暗的心房照個透亮？用儀式重拾起那些平時被忽視的親情和友情，給他們一些驚喜，為自己留下些感動，就能讓愛推動我們繼續前行。

人生是一個奇怪的過程，有時往往追求得愈凶猛，失去得就愈多。人要有追求，但不能一味地追求而放棄其他。人生苦短，不能讓盲目追求淹沒了快樂。閒時看看雲卷雲舒，聽聽流水叮咚，照料些花花草草，何嘗不是一種快樂呢！

一味地追求，也許你會得到自己想要的，但同時也會失去很多東西。有些東西一旦失去了就永遠也追回不來，成為無法彌補的遺憾，即使你願意用現有的一切去換，也不可能。在追求的過程中有所取捨，放慢節奏，苦苦追求的東西就會在不經意間降臨。

請放慢你的腳步，增添一些生活的儀式感。有人說「時間就是金錢」，但這世間還有很多比金錢更重要的東西，如親情、愛情、友情。有人說「時間就是生命」，但生命其實還有很多重要的元素，如快樂、笑容、美麗。不要總想著「人就應該活到老、學到老」，已經奮鬥大半生，創造的財富也不少了，是不是應該多留些機會給後來的人呢？那就給自己放個假吧！沒人會惡意地笑你過時，因為每個人都有享受人生的機會。請好好珍惜毫無壓力的日子吧！也不要總想著一旦放鬆了，對手就會超過你。也許在玩樂的時候會激發出創作靈感，也許放鬆之後，工作會有事半功倍的效果，何樂而不為呢！

告誡自己：放慢腳步，讓儀式感幫你更好地感受生命中的那些美好事物。

美好的事物總是容易在匆忙走過的時候被忽略，只有放慢腳步時，才能真正聆聽到鳥兒悅耳和諧的歌聲，才會看到天空的湛藍，注意到樹梢在微風下輕輕搖動，感受到每一朵花鮮活的生命。

有人說，旅途是繁忙的，必須抓緊時間趕路；有人說，旅途是悠閒的，應該緩緩而行；還有人說，旅途的終點是歸宿，何來緊迫與悠閒。

據說蘇格拉底曾與人相約去爬山。那人一路爬到山頂，氣喘吁吁，姍姍來遲的蘇格拉底問他：「你來的路旁有什麼嗎？」「我不清楚，我只顧向前。」那人沮喪極了。蘇格拉底拍拍身上的灰塵說：「真是太遺憾了，我已經欣賞完沿途風光。」

蘇格拉底的話看似平常，卻蘊含了無限道理。是啊！朝目的地前進的時候，請放慢腳步，欣賞一下兩邊的風景，或許會有一番驚喜。

生活與人生是緊密相連的，欣賞生活從一定意義上也可以說是欣賞生命的過程。慢慢欣賞是對待生命與生活的一種態度，這種態度能讓忙碌的人們舒緩急切，更有時間留意道路兩旁的「景色」，讓忙碌而疲憊的心靈得到平靜。

我們每次送別客人都要說「慢走」，慢表達了挽留之情，也表達了溫馨的叮嚀；看到別人做事，時常叮嚀「慢點」，慢可以穩重，可以不出差錯；當有人為事情著急時，我們的安慰是「別著急，慢慢來」，慢可以緩解緊張的情緒，可以開發智慧解決問題；朋友開車時，我們告誡他「慢點開」，慢意味著安全。無論做任何事，快意味著技術嫻熟，意味著精神高度集中，也意味著很難煞車。試問，世間誰又能做到永遠高速運行？

慢生活，可以欣賞到很多不經意的美：藍天上的一抹白雲，枝頭待放的花朵，孩子天真的笑臉，情人愛戀的眼神。慢生活，可以品味很多人生經歷的感悟：晝夜更替、草木枯榮，告訴我們世事的變化無常；一花一世界、一葉一菩提，揭示了世間萬物的渺小與宏大，讓我們學會寬容與滿足。慢生活讓輕鬆和自在充滿心田，將歡喜和感恩寫在臉上。讓我們靜下心來，慢慢享受生命中的感動，慢慢欣賞周圍的山河大地、人文自然，慢慢品味生活的柴米油鹽和陽春白雪……

如果在錯過太陽時哭泣，請擦乾眼淚等星空

好好生活的定義是，懂得為生命創造一些儀式，讓自己可以心境平和，無論順境還是逆境，都能夠坦然接受，並從中找到美好。

似乎只有黑夜才能夠喚醒悲傷，人總是在深夜驚覺生活原來有那麼多無常和辛苦，於是，我常在深夜接到友人的電話，聽他哭訴命運多舛。

就拿陳超來說，他生活裡缺失了一些儀式感，在電話那邊嚷嚷的總是老一套：上司很討厭，同事太小氣，鄰居家的小孩每天晚上八點拉的小提琴很難聽，喜歡的女孩不喜歡他，不喜歡的女孩對他很殷勤，門口水果店裡的水果很貴，錢總是愈花愈少……沒完沒了。

我的回覆簡單直接，工作不順心就換一份，聽到不好聽的聲音就戴耳機，喜歡的人

不喜歡你那就算了，不喜歡的人對你殷勤就嚴詞拒絕，門口的水果貴就不要買，錢如果愈花還愈多的話，才真叫奇怪！

我發現陳超何嘗不懂得，就算換了工作，下一份工作還不是一樣，甚至有可能更糟糕，似乎每一份工作都會有一個討厭的上司和一群小氣的同事，躲不過，也無法倖免；而喜歡的人不喜歡你，不喜歡的人喜歡你，其實並不可怕，可怕的是你心中沒有別人，別人心中也從來沒有你。

今天他彙報的內容依舊沒有任何新意，說又被迫加班到深夜，這週已經連續三天了，可惡的老闆難道就不能早下班一天，讓他可以觀賞一次落日餘暉，或享受一頓燭光晚餐？

我安慰他：「你現在抬頭看看，星光燦爛的夜晚是不是很美？你家的房子四面都是高樓，抬頭就那麼巴掌大的天空，肯定看不到這麼美的星空，也看不到西沉的夕陽。所以，雖然加班很累，但你也能欣賞到美景啊！」

他氣急敗壞地在電話那邊喊：「我只是借題發揮一下，表示很久沒有按時下班而已。」我告訴他：「我也只是實事求是，實話實話而已。需要加班證明你們公司的業務發展蒸蒸日上，你的能力有目共睹，被公司所需要。」

他有些抓狂地問：「為什麼你每次都要這樣唱反調？」

但我也很想問：「為什麼每次我這樣講以後，你還是會打電話來抱怨？」

最後，他的答案終於讓我無法理直氣壯地頂嘴。他說，打電話給我是因為我是他的朋友，還有，在通話之後，那無法形容的身心愉悅。就像花很多錢收集模型一樣，雖然只是擺在那裡，但對我們來說就是生活中的一種儀式，看到它們就會快樂，偶爾把玩更會覺得生活實在美好。

我說：「原來我是一個能聽你說話的公仔，在你不開心的時候，被拿起來把玩而已？」

陳超當時就笑了：「誰叫你是一個作家啊！我非常想知道作家的生活是怎麼樣的？」

還能怎麼樣？也沒有什麼與眾不同，如果非要回答，那麼作家就是坐在家裡什麼都寫不出來，然後被編輯催稿催得抓破頭皮。作家寫的那些精彩的故事來自哪裡？我可以很負責地告訴你，愈是把故事講得天馬行空、天花亂墜的人，他的生活過得可能愈平淡，只有在現實裡靜下心來的人，才會有時間去發現或構想另外的奇妙世界。當然有時候也要感謝我們身邊的人，你們的吐槽或八卦，一點一滴都將會是創作的靈感來源。

說到這裡，陳超忍不住問：「你覺得我的生活很精彩嗎？」

我很認真地告訴他：「我覺得很精彩啊！你總能給我那麼多刺激，比如你在旅遊回來以後會找我吐槽，旅遊其實一點勁都沒有，回來後很無語，內心空虛、心理落差還很大，玩的時候很開心，回來以後還是要面對慘澹的生活！但你知道我內心的獨白是什麼嗎？是你在旅遊，而我只能在辦公室裡刷你的動態牆，這樣的心理落差才大呢！你可不可以給我閉嘴！」

最後，陳超暗示我是不是應該付他一些資訊費，我毫不猶豫地打斷他：「好了，夜深了，晚安，掰掰。」通話終於在這裡告一段落。

我們總是習慣在別人風生水起的光鮮亮麗裡，發現自己生活的不如意，然後自怨自艾。其實真的大可不必，大多數人給別人看的生活，都經過包裝和美化，就像我常常在咖啡館看見一些女生對著面前的下午茶猛拍，拍完既不怎麼聊天，也不怎麼吃，而是各自默然地拿著手機修圖，往往一個多小時過去了，桌上的點心還沒有動過。我想，這是走進這幾個女生生活秀場最真實的後臺了，她們在動態牆上發的是陽光正好的下午和可口誘人的甜點。這些被加工過的照片展現出一種休閒和愜意，傳達給朋友的是一種「我在好好生活」的感覺。可惜有時候，我們只是沉迷於這些「好生活」的表象世界，並沒有能力真的去好好生活。

好好生活的定義是，懂得為生命創造一些儀式，讓自己可以心境平和，無論順境還是逆境，都能夠坦然接受，並且從中找到美好。人生不可能總是一帆風順，就像旅行前已經做足萬千準備，但在遇到壞天氣、面對飛機延誤時，還是會束手無策。

有一次出門，我就遇到了天氣因素導致飛機延誤的情況。當所有人都綁著安全帶坐在機艙裡，已經百無聊賴地等了幾個小時，飛機上的飲料都快把大家灌飽的時候，終於有人忍不住開始發牢騷：「為什麼雨都這麼小了，還不能起飛，究竟什麼時候才能起飛，就不能給我們一個確切的時間嗎？」

在無法得到具體起飛時間的情況下，一些人開始破口大罵，喊著要航空公司賠償損失，不斷地為難空服員，對他們的服務吹毛求疵，故意找碴。

這種情況下，大多數人都會很煩躁，我卻發現前排有一對母女一直很平靜，那個小女孩還時不時地發出快樂的笑聲。她也不耐煩地問過媽媽，飛機什麼時候才能起飛，媽媽告訴她：「天空正在流淚，我們來講故事給它聽吧，等天空不哭了，飛機就可以起飛了。」於是，小女孩開始興致勃勃地聽故事。在她的眼裡，她是在和天空一起聽故事，這種假想的小儀式讓小女孩聽得格外認真。後來她還和媽媽一起玩你畫我猜的遊戲，外界的喧囂和混亂好像始終與她們無關。

飛機終於起飛了，剛才吵鬧的人們都不再說話，一個個疲憊地癱坐在椅子裡，只有小女孩在她媽媽的懷抱裡，小聲發出歡呼：「飛機起飛了，天空不再流淚了，它是不是正在微笑？」

小女孩的話讓我想起巴西籍著名作家保羅．科爾賀（Paulo Coelho）的話：透過一些簡單的儀式，我們要從平日司空見慣的事物中發掘出過去視而不見的祕密，如果以美好的眼光來觀察這個世界，淡定從容地享受生活，你就永遠能看見天使的面容。

坦白說，我真心不喜歡雨天，下雨去哪裡都很麻煩，要撐傘、要穿雨衣、不好搭計程車、飛機會延誤，就算再小心也會弄溼衣服或鞋襪。而朋友林微微卻好像特別喜歡雨天，每次下雨的時候都很開心。

我終於忍不住問她：「為什麼妳這麼喜歡下雨？難道是因為買了很多漂亮的雨傘，如果一直不下雨，擔心它們沒有用武之地？」

林微微若有所思地點點頭，她說我說得沒錯，她確實有很多漂亮的雨傘，如果不下雨的話，就不能撐著傘到處走。然後她又問我：「難道你沒發現無論什麼樣的雨傘，只有在撐開的時候，才會展現出它的美嗎？」

好吧！我承認，雨傘是要撐開才會好看，可是太陽傘也很好看呀？

她皺了皺眉毛，用很奇怪的表情看著我：「那麼你難道希望永遠都不下雨嗎？如果真的每天都是晴天的話，植物會缺水，慢慢枯萎，我們就沒有吃的，也沒有滿目的綠色與爛漫的鮮花了。」

下雨是大自然的傑作，非人力所能控制，即使沙漠也得下。既然有些事情我們無從選擇，倒不如坦然接受，換一個角度去發現它的美好。比如下雨天很涼快，下雨天沒有灰塵，下雨時空氣很清新，下過雨後樹很漂亮，綠葉又是那麼乾淨，下雨天走在大街上可以看到各種漂亮的雨傘，下雨天還能回想起小時候玩水、踩水、上學路上順著水溝走等充滿童趣的情景。

即使面對的是一塊乾麵包，在吃下去之前，也要記得感恩賜予食物的人，你會因此覺得乾麵包也很香甜。生活給了很多選擇，我們可以在各種意外和不確定之中，從容淡定地發現它的美好和驚喜。可是有些人卻刻意把自己套進一個可怕的標準裡，讓自己變得勢利無趣，無異於作繭自縛。比如，飯店只住有星級的，咖啡只喝星巴克的，車子只喜歡進口的，電腦和智慧型手機只選蘋果的，衣服和包包只用固定名牌的，似乎只要把那些大家公認的高端品牌LOGO貼在身上，就能過得高級，令人羨慕。然而事實真的是這樣嗎？難道從五星級飯店窗戶看到的天空是鑲金邊的嗎？

星星在哪裡都閃亮，只看你有沒有抬頭仰望。生活在哪裡都一樣，不一樣的是你選擇怎樣生活。生活原本是一杯白開水，之所以會有不同的味道，是因為我們添加了不同的調味料。儀式感是自己尋找的，可以讓我們身心愉悅的那些事，像陳超向我傾訴種種不如意的一通通電話，像飛機延誤時媽媽為女兒講的一個個動人故事，還有下雨天那些被撐開的、五顏六色的雨傘。

愈是沒人愛，愈要愛自己

愈是沒人愛，愈要愛自己。很多人大概是忽略了，原來愛自己也是一種儀式感，我們應該對自己好，抽出一些時間來做自認重要的事，進行自我探索，認識自己的能量與邊界，找到真正所喜之事、所愛之人，珍惜對待。

楊瀾曾在採訪購物網站董事長俞渝時，問：「妳最沒有自信的地方在哪裡？」

她回答說是自己的長相。為此，她曾經自卑過，可是後來在事業上獲得成功。

楊瀾又問：「為什麼隨著年齡的增長，妳反而愈來愈自信，愈來愈有氣質和光芒了呢？」

她很鄭重地回答，接受自己。

楊瀾聽了之後忍不住讚嘆，說這一點值得許多女性借鑑。

接受自己就是高高興興地接納自己，不僅包括對自我價值的肯定，還有對不足、甚至殘缺的接納，和對失敗挫折的包容。即使不夠英俊或美麗，不夠高大挺拔或苗條靚麗，仍能欣賞自己的可愛之處。愛上自己，然後改變自己，讓自己變得更好。這也許就是所謂的「悅人者眾，悅己者王」。

很多人不懂得愛自己，不懂得為生活加一點儀式感，不會買禮物給自己，也不會好好吃一餐美食，不會打扮得漂漂亮亮，也不會讓身體得到充分的休息和享受。

肯定會有人說，沒有儀式感是因為正在努力奮鬥，努力奮鬥是為了將來更好的生活。我想問的是，沒有現在，何談將來？

努力的人很多，每一個行業都不缺優秀人才。室內設計界就有這麼一個女生，二十七歲就成為室內設計行業的領軍人物，她的作品至今還是行業的標竿。但是，為了能走到事業頂峰，她捨棄了自己的生活，捨棄生活裡的一切儀式感，用無數個沒日沒夜的加班和辛苦換來事業的成功。

她自嘲的話有些悲傷，她說自己忙到沒時間花錢。雖然年紀輕輕就在大城市最好的地段擁有房子，但住在這棟房子裡的時間卻寥寥無幾，三年裡，她回家住的日子加起來不超過一個月。皇天不負苦心人，她在二十七歲之前拿遍了這個行業的所有獎項，但也是在二十七歲那年，接到媽媽的一通電話。媽媽吞吞吐吐地問她忙不忙，當時她剛接了一筆大生意，忙得四腳朝天。那一年媽媽還不到五十歲，在她的記憶裡，媽媽永遠是那個喜歡讀俄國文學，把手風琴拉得宛轉悠揚、悅耳動聽的優雅女子；在她的心裡，媽媽與「失去」二字仍相距甚遠，但當親人終於將實情婉轉相告時，媽媽已經是癌症末期。

儘管她最後辭掉了工作，卻只陪媽媽不到一個月，那時媽媽已經沒有精力和她聊天，分享她的收穫，期待她的未來……

一位詩人寫了不少詩，有一定的名氣。可是，他還有很多詩沒有發表，無人欣賞。為此，詩人很苦惱。他有個朋友是位禪師，這天，詩人向禪師訴說苦惱，禪師笑了，指著窗外一株茂盛的植物問：「你看，那是什麼花？」

詩人看了一眼說：「那是夜來香。」

禪師點點頭：「對。夜來香只在夜晚開放，所以大家才叫它夜來香。那你知道，夜來香為什麼不在白天開花，而在夜晚開嗎？」

詩人看了看禪師，搖了搖頭。禪師就笑著說：「夜晚開花，並無人注意，它開花，只為取悅自己！白天開放的花，都是為了引人注目，得到他人讚賞。但夜來香在無人欣賞的情況下，依然逕自綻放，散發芳香，只是為了讓自己快樂。而我們人，難道還不如一株植物嗎？」

許多人總把快樂的鑰匙交給別人，自己所做的一切都是為了給別人看，讓別人來讚賞，彷彿只有這樣才能快樂。我們應該為自己多做一些事情，學會愛自己，並且保持生活中應有的儀式感。

一位官方帳號粉絲超過百萬的自媒體人，曾經在一篇文章裡告訴她的讀者，說過去在官方帳號發文時，文章曾被最好的朋友挖苦指責得一文不值，她低頭聽著，心裡感覺很難過，好幾個月不敢在官方帳號上發文，生怕再被批評、被輕視。過了很久之後才知道，這位朋友其實不曾讀過她的文章，那些指責批評不過是出於對她的「刻板印象」。

她還有一位很要好的女性朋友，因為過去一次偶然的談話，以為男友喜歡長髮飄飄的女孩，儘管早就起了念頭想剪一頭幹練的短髮，卻因男友的喜好留長髮很多年。直到某天，終於狠心剪掉長髮，卻得到男友難得的表揚，男友對她說：「這樣的妳，更加漂亮，更加嫵媚。」

我們總是習慣性地想讓別人高興，誠心誠意地對別人好，絞盡腦汁想為別人做些什麼，想得到別人的認可，有時候全然不顧自己的感受，甚至從來沒有考慮過，這樣將一顆心繫在別人身上的取悅，究竟耗費了我們多少心力。取悅原本就是一場高成本的、極大的內耗。

每一個習慣取悅別人的人大概都很忙。忙著感知別人的需求，抉擇是先滿足這個人，還是先滿足那個人；忙著努力奮鬥做出一些成績，然後焦慮地等待別人的認可；忙著擔驚受怕，害怕是否會因為做得不夠好而被拋棄。而每一個取悅者又都是健忘的，似乎昨天得到的喜愛和認可在明天就會被歸零，然後重新去追求更大的認可。

最可怕的是這個過程好像無限的輪迴，追求認可，忘記，接著再重新追求更大的認可。在這個輪迴中，取悅者像極了一個陀螺，被鞭子抽打著不停旋轉。我們在其中消磨時光，耗費心力，看似一直對別人好，但最後也許會得不償失，無法取得別人的珍惜和諒解。

愈是沒人愛，愈要愛自己。很多人大概是忽略了，原來愛自己也是一種儀式感。我們應該對自己好，抽出一些時間來做自認重要的事，進行自我探索，認識自己的能量與邊界，找到真正所喜之事、所愛之人，珍惜對待。

可是取悅者卻常常對自己內心的聲音置若罔聞，反而全身心投入了滿足別人需求的大業中。在某一個醒來的清晨，看陽光灑滿全身，輕輕地問自己：我到底是誰？我這麼忙碌，究竟為了什麼？

一個週末，我去朋友王冉家，看到陽臺上放著一張舒適的紅色單人沙發。

我忍不住問她：「妳家是沙發多到沒地方放嗎？幹嘛要放在陽臺上風吹日晒。」

她笑著拍了一下沙發，說：「這可是我們家最昂貴的沙發，我特別放在這裡的。泡腳、發呆、看書，都能坐一下，風吹日晒就風吹日晒吧！這個壞了，就再換一張，雖然它很貴，但是和舒服放鬆比起來，再貴都值得。」

王冉在外企諮詢公司工作，工作壓力非常大，她還有一個頑皮的兒子，同一行業職位更高的丈夫比她還忙，經常加班到三更半夜。她每天晚上等兒子睡著以後就坐在這張沙發上等丈夫回來。

王冉把待在陽臺上的、只屬於自己的這一點點時光，當作生活中的一種儀式。她稱這個儀式為「一個人的心靈ＳＰＡ」，認為這樣的時光對於每一個與她相似的、既要顧家庭又要顧事業的主婦而言，是比買名牌包包更奢侈的犒賞。所以自己一個人用的東西要買好一點，一個人獨處的時候，才更要奢侈一點。

「隨著年齡增長，誰都不想再討好了，和誰在一起更舒服就和誰在一起。朋友也是如此，累了就躲遠一點。取悅別人遠不如讓自己快樂，愈是沒人愛，愈要愛自己！」說這句話的時候，王冉不住地向我眨眼睛，她接著說，「這裡的別人也包括我老公，他忙得顧不到我時，我就會自己去看電影，一個人去花市買花，我會刷他的信用卡，替自己買很多漂亮的衣服，把自己打扮得漂漂亮亮出門。這樣的次數多了，他也會主動抽出時間來陪我。當然，他嘴上說是陪我一起享受生活，但誰不知道他一是心疼錢，二是擔心我這麼漂亮地走到路上，會不會招蜂引蝶。」

一筆錢該花或不該花，不是看錢的多少，而是看花與沒花，你有什麼不一樣的感受。

幸福，不是某一種結果，而是無數有意義的小儀式堆疊起來產生的感受。

幸福，不是哪一類的人生、哪一種活法，而是每個人都可以擁有的一些美好時刻。

幸福，不是兩個人必須捆綁，而是一個人的芬芳對另一個人的吸引。善用生活中的儀式，懂得取悅自己，別人才會來取悅你，而你的價值也會得到他人更多的關注。

愛自己、取悅自己本身就是一種儀式。當你開始取悅自己之後，會發現身心變得更加美好。在這個浮躁的時代裡，你的美好對他人來說，充滿賞心悅目的價值；然而反過來，如果你對別人付出太多，自己就會變得薄弱，你的價值就會被忽視，關係也會漸行漸遠。我們要在不自私的同時，學會愛自己、寵自己，把沉澱留給自己。找個地方喝一杯咖啡、看場喜歡的電影、聽一首歌、讀一本小說，甚至是發一下呆，都能撫慰疲憊的心靈。

取悅自己，絕不是自私，不是為了抵抗他人、抵抗世俗，而是為了在自己變得美好的同時，讓身邊的人、身邊的事，也變得快樂和美好。取悅自己也是自我的，要在寂寞中獨自綻放，在孤獨中微笑以待。只有學會在一個人的世界裡生活，才能怡然自得地面對他人。所以，請善待自己。

任何儀式都是出於某種莊重的目的，都值得我們尊敬——

所謂的儀式感，一面是生活中對價值觀的敬畏所產生的莊重，一面是對他人和社會的尊重所展現的典雅。

從愛情到婚姻，更是儀式感的高級進階。前腳陳曉和陳妍希甜蜜婚禮的餘熱還未散去，關於霍建華和林心如從摯友到摯愛的蛻變「秀恩愛」行動就迅速展開。無論是陳妍希乘著小船滿眼笑意地走向她的過兒陳曉，還是林心如笑靨如花地遊走在峇里島的曼妙風景中，都讓我們看到一個婚禮該有的莊嚴與盛大。

那些年令人驚豔的明星婚禮還有許多，如李小璐與賈乃亮的好事終成，吳奇隆和劉詩詩的夢幻海島，周杰倫與昆凌的世紀婚禮，以及 Angelababy 與黃曉明婚禮的萬眾矚目。縱觀所有明星婚禮，幾乎都有那些必不可少的標準配備，美麗的鮮花、城堡般的場所、精緻的妝容與繁瑣的禮節，這些無疑都是出於對婚禮的敬畏而特意打造出莊重的儀式感。

有人說，儀式感存在的真正原因是為了體現莊重，有時也是為了確認和確立權力關係。所謂有人的地方就有江湖，我們參與的社會活動都會體現出相應的權力關係。

比如，一些婚禮會在開始時安排一個特殊的環節，即邀請新郎或新娘公司的老闆講話，也有直接邀請老闆當證婚人，對於這種情況，雖然也有老闆真的和下屬混成類似親人關係的可能，但很多時候，還是一種職位權力的延伸。

再比如學校的升旗儀式，主要由校長負責主持，主任、老師等是具體儀式活動的負責人，而學生則屬於活動參與者，也體現出不同身分、不同職位的人，在儀式中不同權力和責任的專注點。

同樣，社會上一些大型活動也是在莊重的儀式中體現權力關係。例如，近幾年每逢農曆三月初三，大陸河南都會舉辦大型祭祀活動，祭拜中華民族的人文始祖黃帝。從電視上可以看到，大典的整個過程莊重肅穆，氣象不凡，表達了人們對黃帝的高度尊重，和對歷史的珍惜愛護，尤其那首《黃帝頌》，莊嚴大氣，流暢自然。

與河南的拜祖大典相似，陝西的祭黃陵儀式也是每年定期舉行，現在已成為當地的一項經典文化活動，一方面是以儀式的形式提醒大家重視傳統文化的繼承和發揚，另一方面是讓人在儀式感中對傳統文化產生敬畏、尊重之情。

所謂的儀式感，是對價值觀的敬畏所產生的莊重，也是對他人和社會的尊重所展現的典雅。這種儀式感似乎是我們多年來所缺少的。過去，我們忽略了儀式感的建立，也忽視了為文化生活賦予特殊意義的必要性。

儀式往往讓一些抽象的品質、知識在我們面前變得生動具體。

軍隊中，從新兵授銜、功臣授槍、出征宣誓……到最後老兵退伍時眼含熱淚地摘下肩章、徽章，這些無一不與儀式有關，多年以後，當退伍老兵再次回顧軍旅生涯時，這些畫面仍歷歷在目。軍隊裡的儀式是體現軍人職業特色和展示軍隊形象的一種方式，愈是歷史悠久、注重傳統的軍隊，儀式的種類愈豐富，組織也愈嚴謹。有些國家的軍人，從入伍到退伍，服役過程中幾乎所有重要時刻都有相應的儀式，讓軍隊借助這些儀式來強化軍人的榮譽感。

儀式還帶有一定的宣傳性，如同廣告。在古代，皇帝登基一定要弄一個登基大典，功能在宣告一代新皇的統治已經開始，要天下人服從。現代的儀式也是一種宣傳，意在讓人口耳相傳，把儀式的意義傳達給更多人。

儀式也是有選擇的。比如企業的開業慶典會邀請政府官員、經銷商、原料供應商、銀行家、學者，且有一定的排他性。儀式有大有小，根據實力及影響的不同，凝聚參與者的意志、思想和精力，從而為某項事業而努力，儀式的這一標誌性意義，就是群體的凝聚性。所有儀式都要策劃周密、細緻，各個環節安排得當，既無嘩眾取寵之感，也無索然無味之覺；既不缺獨運匠心的新意，也沒有脫離主旨的做作。一個好的儀式就如同一篇文章有好的開頭一樣，可以產生先聲奪人的作用，迅速抓住觀者的心，同時培養人們的自豪感與榮耀感。

體育運動員在奧運會上獲獎時，升國旗、奏國歌是儀式；畢業時，學生代表上臺發言是儀式；老闆把年終獎金親自交到辛勤工作的員工手中是儀式；看完表演以後，觀眾起立鼓掌是儀式；學生每天上下課時，起立向老師問好也是一種儀式。任何儀式都是出於某種莊重的目的，都值得尊敬。

就我而言，有了儀式就是對某件事存在一定的尊重，哪怕是件小事。比如新學期開始前，一定要買嶄新的筆記本，再把鋼筆的墨水灌足；寫作業前一定要把書桌重新整理一遍；看電視劇前要提前放好喜歡的零食和飲料；過新年時一定要手寫賀卡；一段感情的開始要有告白，結束也會鄭重地告別。因為有儀式感的存在，我們為這些事賦予特定的意義，不再隨意對待這些小事，也不會在身處困境時過度哀傷。

儀式並不是簡單的聲色犬馬

人的劣根性需要克制，也需要釋放。平日裡飲食健康清淡，偶爾吃頓大餐是一種儀式。愛情裡，情投意合的兩個人每天早上睜開眼第一個看到的是對方，是一種儀式，更是一種幸福。但如果過度追求，貪得無厭，是永遠也不會有滿足感的。

《洪業：清朝開國史》書中有一個故事很有意思。大名鼎鼎的闖王李自成，曾私下召見山東登州著名理學家、時任政府禮部尚書的楊觀光，問他若遠離酒色，怎麼能夠享受生活的樂趣？楊觀光告訴他，自己人生最大的目標就是保持心志清明。

李自成聽了之後很高興，當場就擢升楊觀光為宮廷講讀。楊觀光原本以為李自成會因自己所提的生活態度而有所感悟，但他沒想到的是，李自成轉過頭就率領農民軍攻占了北京城，搶奪金銀財寶，樂此不疲地縱情於聲色犬馬之中。

聲色犬馬的生活的確非常誘人，尤其對我們這些凡夫俗子來說。很多人理所當然地認為，所謂的儀式感，其實就是享樂，就是奢華享受，是燈紅酒綠、紙醉金迷，甚至是追歡逐樂、酒池肉林。

但實際上，一味追逐享受的人是空虛的，紙醉金迷的生活只會讓我們愈來愈墮落。任何事情都是過猶不及的，真正懂得儀式感真諦的人，絕對不會將眼前的虛假繁華做為追求目標。

那麼，是不是意味著我們要摒除一切享受呢？對此很多人都曾陷入過迷茫。有意思的是，有位朋友專門對此進行了一些嘗試。他把摒除口腹之欲列為重中之重，有段時間吃得很清淡，清水煮白菜，白粥配饅頭，只為果腹，不享受一絲口腹之欲，一點油都不沾，結果導致營養不良，一度面黃肌瘦。身邊的朋友吐槽他：「你這個樣子生活，哪有樂趣可言？」

他產生了自我懷疑，又恢復了正常飲食，一段日子後，他總結出一味地追求極致是錯誤的。他說，在吃得很清淡的那些日子裡，就連一盤番茄炒蛋都會感覺十分美味，幸福感爆表。

捨得捨得，有捨才會有得，懂得忍受生活的艱辛，才能明白富足的滋味，經歷過平凡才能感受到生活的美妙。

一位朋友曾經問我，和什麼樣的人談戀愛最愉快？

我想了很久，也想得很仔細，發現我不要求對方多麼貌美如花、傾國傾城，只有兩情相悅才能得到最大的歡愉。深諳風月的魚玄機早在數百年前就給出答案：「易求無價寶，難得有情郎。」黃金萬兩容易得，知心一人也難求。如果不能相知，就算娶了個天仙回來，也是一陣子就會冷淡了。有時粗茶淡飯未必輸給山珍海味，簡單未必遜色於繁華。

人的劣根性需要克制，也需要釋放。平日裡飲食健康清淡，偶爾吃頓大餐是一種儀式。愛情裡，情投意合的兩個人每天早上睜開眼第一個看到的是對方，是一種儀式，更是一種幸福。但如果過度追求，貪得無厭，是永遠也不會有滿足感的。

並不是有錢有閒就能讓生活變得精彩幸福。《紅樓夢》裡的賈寶玉就是一個富貴閒人，有錢、有閒、有臉蛋，所有人都喜歡他、愛他，他卻依然在杏子樹結果的時候感嘆花不常開、葉不常綠，依然沒辦法擺脫封建家庭對他的束縛，依然不能選擇自己喜歡的林妹妹。

我們不能把儀式感單一地理解為吃吃喝喝或各種玩樂，因為吃喝和玩樂本身只是人類最原始的欲望，而儀式感則高於生理需求，屬於精神領域。

總有人對儀式感的理解很膚淺，尤其動態牆上最常見。他們從早到晚直播自己的生活，顯得對生活的儀式感很重視，表現出一副很熱愛生活的樣子，但一刻都離不開手機的人，又何談享受生活？

不管你願不願意承認，每個人都或多或少地會比較自己和別人的生活。不自覺地把自己放在別人的眼光和標準中生活，幸福是別人眼裡的幸福，痛苦是別人眼裡的痛苦，再加上與生俱來的強烈自尊心，人生價值順理成章地簡化成一句話：過得比別人好。

過得比別人好，就意味著在學校裡成績要比別人優秀，得到的表揚要比別人多；報考學校的名氣要比別人大，學的科系要比別人的科系前景更好；找的工作薪資要比別人高，福利要比別人多，職位要比別人高，還要悠閒工作少。過得比別人好，還包括人緣要比別人好，房子要比別人寬敞，車子要比別人高級，老婆要比別人的溫柔漂亮，兒子要比別人的聰明懂事……這種比較可以無窮無盡。

但儀式感並不是單一地比較誰比誰好、誰比誰有錢、誰比誰成就高，儀式感更多的是把普通的日常生活點石成金，對明天永遠充滿期待。儀式感是屬於自己的，以便留下最甜蜜、最鮮明的記憶。

你很可能有這樣的朋友，早上吃什麼、中午吃什麼、晚上吃什麼，都會定時打卡，公之於眾，向你彙報，似乎他家吃飯是件大事。他買了什麼，用了什麼，看了部電影，追了部電視劇，就連深夜廁所自拍都要發文公告天下。一旦他出門旅遊，那就等著被洗版吧！國內旅遊至少一天三次，東南亞旅遊至少一天七次，歐洲旅遊估計就和直播差不多！

真弄不懂他們，有需要這麼高調嗎？

有次一位朋友興致勃勃地洗版時，我忍不住問道：「你這樣刷動態牆，是在記錄生活嗎？」她抬起打了玻尿酸的下巴，高傲地掃了我一眼說：「這是我對生活的儀式感啊！」

這一瞬間，我竟無言以對。

旅個遊、買個高級商品就秀出來，這不是儀式感，是炫耀！

我不知道人們是怎麼理解儀式感的，失戀了，寫幾段悲傷的文字，發個文，稱為儀式感；出去旅遊發個動態，也叫儀式感；半夜吃個宵夜感慨生活，也能不厭其煩地用軟體拼湊，配上充滿儀式感的圖片；哪怕是荒腔走板地唱幾句，也能加上音樂發個影片到動態上。彷彿發了動態，告訴了別人，儀式就算完成了。彷彿裝了高級、沾了洋墨水後，就活在有質感的、有儀式感的生活裡了。

動態牆上那些精美的「擺拍五分鐘，修圖二十分鐘」的食物，也許你根本沒吃完；那些去書店買回來拍照發文的幾本雞湯書，可能被你隨手丟在房間某個角落，過了三個月還沒拆封，已經布滿灰塵；那些跟團去的旅遊，走馬看花的你並沒有真正在放鬆的狀態下享受到美景。

我們總是忘記身邊的小確幸，而過度追求本不屬於自己的東西。

你不喜歡的每一天都不是你的，因為你只是度過了它。

無論你過著什麼樣的日子，沒有喜悅的生活，你就沒有生活。

你無須去愛，去飲酒或微笑，陽光倒映在水面上，如果它令你愉悅，就足夠了。

幸福的人，把他們的歡樂，放在最微小的事物裡，永遠也不會剝奪屬於每一天的、天然的財富！

這是費爾南多·佩索亞（Fernando Pessoa）《惶然錄》裡的句子，很多人把它奉為信條。因為他們懂得詩詞裡的微小事物和天然財富，就是人生中不可或缺的儀式感，它源於生活中的小細節，以及那些雷都打不動的習慣。

儀式是一件很重要的事。它是在我狼吞虎嚥吃飯時，你輕輕幫我擦掉嘴邊的油漬；是走在路上時，我幫你繫緊鬆了的鞋帶；是失眠時，你強忍著睏意陪我數著成百上千隻綿羊；是你感到寒冷時，我為你披上溫暖的大衣……儀式就是把本來單調普通的事情，變得不一樣。而儀式感能讓我們對在意的事情，懷有敬畏且尊重的心理。

PART 5

你用心的節目，
會成為漫長人生裡我微笑想起的甜蜜

儀式感，是父母給孩子最好的禮物

生活每天繼續，在這些周而復始的重複中，我們應該停下忙碌的腳步，花點心思製造「儀式感」。因為它能喚起我們對美好生活的尊重和嚮往，在此時和遙遠的彼時提醒我們的家人，有人在意並深深地愛著他們。

有人告訴我，沒有結過婚的人不適合談婚姻；也有人告訴我，沒有生過小孩的人，不懂小孩，也不懂得如何做父母。總覺得婚姻是個很嚴肅的問題，而孩子是個更加頭疼的謎。我常想如果將來有了孩子，要把他用快遞寄給父母，讓他替我承歡膝下之餘，還可以為我省下很多換尿布的時間。有個朋友聽了，只是淡淡地笑了笑，他告訴我：「到時候你就會知道了，你絕對不會把孩子交給父母，因為根本就是你離不開孩子，而不是孩子離不開你。」

朋友還說，有孩子以後的生活除了快樂，更多的是被瑣事、分歧或疲倦充斥。比如半夜為了幫孩子泡奶粉、換尿布，總是睡不夠，早就沒有過什麼紀念日的念頭；為了幫孩子做一頓營養豐富、搭配合理的飯，累到恨不得天天叫外送來解決自己的肚子；原本整齊的房間如今到處是積木、海洋球、繪本和數不清的玩具，根本讓人無處下腳，狼狽不堪的生活能讓人隨時哭暈在廁所。

沒有生日派對，沒有紀念日，相機裡也沒有精緻的照片，當然，除了孩子各種歡樂的笑臉。在這樣粗糙的生活裡消耗，日子變得了無生趣，甚至連自己都懷疑，難道下半輩子就這樣了？

但無論如何，歲月終究會告訴我們：生活是什麼樣的，取決於你用什麼樣的眼睛去看待。

生活每天繼續，在這些周而復始的重複中，我們應該停下忙碌的腳步，花點心思製造「儀式感」。因為它能喚起我們對美好生活的尊重和嚮往，在此時和遙遠的彼時提醒我們的家人，有人在意並深深地愛著他們。

培養孩子的儀式感，就要認真陪他們過每一個節日、生日，陪他們用心對待生活中那些看似無用的小事。這些儀式感所帶來的驚喜和滿足，是給孩子最好的心靈「富養」。

如何給孩子心靈上的「富養」，在朋友看來很簡單，比如冒充聖誕老人就是他每年都會做的事情。

去年，我去他們家過聖誕節。趕到他家後，還沒在客廳的大沙發上坐穩，他七歲的小女兒姍姍已經迫不及待地把手裡的粉色賀卡遞給我看，她快樂得像隻小麻雀，說那是昨晚聖誕老人寫給她的信，還隨信附帶著她期盼已久的禮物，一套有三百六十八種顏色的畫筆。

我一眼就看出信上那是我朋友的筆跡，上面寫著：

親愛的姍姍小朋友，妳好！

我是聖誕老人，今天是聖誕節，我送一套妳一直想要的畫筆，祝妳聖誕快樂！希望妳能用這些畫筆，描繪出最美妙的圖畫。另外，我知道妳很乖、很聽話，學習也很努力，是一個乖巧懂事的小女孩。聽說妳今年已經上小學二年級了，希望妳能繼續好好學習，上課時認真聽講，寫作業時要細心點，吃飯的時候不要磨磨蹭蹭，不要挑食，也不要動不動就哭。好了，如果妳乖乖聽爸爸、媽媽的話，當一個懂事勇敢的小女孩，如果妳能改掉壞習慣，我明年聖誕節會再來送禮物給妳哦！

聖誕老人

我悄悄白了一眼正在泡茶的朋友，雖然覺得他這封信寫得十分幼稚，但是看著姍姍洋溢著幸福的可愛臉龐，又覺得這份幼稚也是值得借鑑和欣賞的。

於是我故作認真地和姍姍說：「妳看，聖誕老人送妳最想要的畫筆，一定要好好利用它們哦。還有，聖誕老人希望妳改掉的那些缺點，也不要讓聖誕老人失望哦！不然明年就得不到禮物了。」姍姍一邊點頭一邊大聲答應著，臉上全是掩不住的笑意。

姍姍又跑去把她十四歲的姊姊拉出來，對我說：「你看，聖誕老人也送了禮物給姊姊，只是，聖誕老人沒有寫信給她。」

姊姊笑著點點頭，給了我一個你知、我知的眼神，然後和姍姍說：「因為妳表現得比我好、比我乖，所以聖誕老人才會寫信給妳嘛。」一句話，說得姍姍更開心了。

吃飯的時候，姍姍的姊姊偷偷告訴我：「今年爸爸、媽媽終於買了智慧型手機給我做為禮物，小時候他們年年冒充聖誕老人寫信。那時候真的以為是聖誕老人寫信給我，收到信後非常高興。後來我知道了，他們就不需要再寫信了。但是在不懂這個祕密的時候，能夠收到聖誕老人的信非常快樂。我長大後才發現，這個世界上哪裡有什麼聖誕老人啊？都是哄小孩子的。不過在我是小孩子的時候，還是很吃爸媽這套的。」

姍姍姊姊的話，讓我想起小時候曾經纏著爸媽讓我在速食店過生日派對。雖然現在已經變成很多人口中的垃圾食品，味道也沒有記憶裡的那麼好，但曾經在速食店度過的那個生日卻永久收藏在我的記憶裡，無法忘記。現在叫我去速食店過生日，我肯定不要，但是如果回到小時候，我還是想去吃速食店的生日派對，人有時候就是這麼懷舊。

一位心理學家說，儀式感是家庭的重要組成，它是獲得安全感的源泉之一，能夠增強孩子的自信心和自我認同感，它會給人一種最強烈的心理暗示，讓孩子的注意力更加集中，更加認真以及更加用心。儀式感就是暗示我們必須認真對待某件事。

儀式感還可以培養孩子獲得幸福的能力，在平淡的生活裡不斷提高幸福的層次，讓無味的生活充滿節奏和律動。平凡的日子本來就是大同小異，而我們只能透過不斷替孩子製造驚喜，才能讓他們覺得生活是有趣的。

沒有父母能跟著孩子一輩子，如果想讓他們幸福一輩子的話，就只能教會他們製造幸福的能力，讓孩子的成長留下一座座里程碑，讓這些里程碑成為他們日後獨自面對生活時最堅實的基礎。

另外，儀式感也是家庭成員之間表達內心情感最直接的方式，孩子雖小，就不懂嗎？以前總說孩子不懂得父母的苦心和愛，無論是苦心還是愛，都需要被適當地表達出來。儀式感就是可以將家人之間難以言喻的情感表達出來的途徑，它能增進家人的情感，增強家庭的凝聚力。

我們都知道，成年人的世界裡沒有「容易」這兩個字，我們不能承諾孩子一生都幸福，但至少可以在他們幼年時給予獲得幸福的力量，教會孩子帶著愛生活。

很多事情發生前毫無徵兆，結束時也無跡可尋。那些平凡的日子總是很容易被遺忘，我們需要做一些特別的事情，留在他們的記憶裡，成為一種紀念。在孩子的成長中，父母做個有心人很重要，我們總是可以為他們再多做些什麼。

在成人的世界裡也是如此，一盞茶、一杯咖啡、一段音樂、一場奔跑、一次無目的的閒逛、一部電影，孤獨的我們總想確認點什麼。

舒妍是一個非常用心的媽媽，女兒馨馨的生日剛好是兒童節。她每年都會親手做一個漂亮的蛋糕，把家裡裝飾一番，掛上氣球和彩帶，布置得漂漂亮亮的，還邀請馨馨的好朋友們一起為她過生日。這一天孩子是主角，他們自己主持，自己安排想要表演的節目和遊戲。舒妍會準備很多小禮物，讓每一個參與的孩子都玩得盡興，最後滿載而歸。

舒妍會在這一天鄭重地告訴女兒：恭喜妳又長大一歲，新的一歲需要一些新的變化。

除此之外，舒妍也細心地讓女兒親身感受傳統節日的氣氛。比如，正月十五和女兒一起搓湯圓，端午節買粽葉回來一起包粽子，中秋節一起用模具做月餅，冬至一起包餃子。父親節的時候，舒妍會告訴女兒畫一張賀卡給爸爸，送上祝福；教師節的時候，提醒女兒買花送給老師；週末帶孩子去看望爺爺、奶奶、外公、外婆，每隔幾天就打通電話給爺爺、奶奶、外公、外婆表示關心和問候。

舒妍說，有些事情是需要堅持的，正因為這些格外的堅持，馨馨才能在充滿幸福感的環境下長大，各方面都很優秀，聰明懂事、獨立自主、懂禮貌而有涵養。

也有反面的例子，馨馨的好朋友琳琳就在生日派對上受到過父母的粗暴對待。琳琳快過生日時，提前一星期通知很多小朋友，請他們到家裡一起慶生，萬萬沒想到的是，生日當天，受邀的小朋友們剛剛走到她家門口，就聽到琳琳媽媽大聲斥責：「怎麼找那麼多小孩到家裡來？誰給妳的權力帶人回家的？這麼小過什麼生日？『小孩生日挨頓打，大人生日吃頓嘎』，妳生日沒挨打就夠好了，還想吃大餐？妳的生日可是我的受難日……妳還好意思提過生日！」

當著其他小朋友的面，讓琳琳下不了臺，琳琳整個人呆在那裡，漲紅了臉，淚水嘩嘩地往下流。小朋友們看到這個場面，連忙跑開了。

從那以後，琳琳也不好意思再參加其他小朋友的生日聚會。漸漸地，她也不和大家一起玩，變得愈來愈不合群，性格也變得內向。

直到現在，舒妍說起這件事的時候，還有些激動：「我也是母親，孩子的生日是媽媽的受難日沒錯，但媽媽受苦換得一個新生命的到來，不也是一件值得紀念的事嗎？」

一個蛋糕、一些零食，花不了多少錢。但是孩子可以從中感受深深的愛，她從中得到的安全感和尊嚴是無價的。你的愛就是他們最好的生日禮物，讓他們對這個世界充滿期待，讓他們能勇敢地迎接未來，何樂而不為呢？

人類學家維克多・特納（Victor Witter Turner）說，每個人的一生都伴隨著儀式：誕生、成年、結婚、為人父母、工作、升職、職業專業化的確認、死亡。每一個事件的發生都伴隨著儀式，透過儀式從一個狀態過渡到另一個狀態。

儀式感並不是追求不切實際、華而不實的東西，它是父母對孩子發自內心的愛。所以你給孩子什麼樣的儀式感，他就會從中獲取什麼樣的價值觀。

儀式感，也是父母給孩子最好的禮物。

它不分大小，很多事情都可以變成自家獨有的小儀式。

用心的父母會認真注意孩子成長的每個時刻。每一個精心準備的時刻，都會成為孩子幸福的回憶和成長的印記。孩子成長中的每一個第一次，第一次說話、第一次站立、第一次上幼稚園，父母都拍照記錄下來；在開學第一天或畢業的最後一天，不論孩子是上幼稚園，還是上小學、中學，如果有條件的話，就在家門口留個影，或者在學校門口與老師拍張合影，日後翻看，盡是難忘的瞬間和美好的回憶。

孩子成長的點滴可以平時積累，製作成一本相簿，很多媽媽非常喜歡幫孩子拍照，手機中照片很多，但是有代表性的很少，尤其一些重要時刻，像爸爸、媽媽的結婚紀念日、孩子的生日等。不妨每年設定列印二十～五十張，用專門的相簿存起來。

還有一些其他的小儀式。如陪孩子過生日時，告訴他大了一歲，要比以前更好，讓他對自己的人生更有使命感；陪孩子參加學校的親子運動會、才藝表演，讓他對自己更有信心和認同感；讓孩子在父親節、母親節、教師節的時候，為爸爸、媽媽和老師送上祝福，讓孩子懂得感恩和回報。

盡量每天都有和孩子互動的時間，一家人坐在一起分享遇到的開心事，用小紙條寫下來，然後扔進準備好的「百寶箱」；晚上為孩子講睡前故事，陪伴孩子入睡等。親子陪伴很重要，希望孩子是什麼樣子，就要先成為什麼樣子。

早起互道「早安」，睡前互道「晚安」，出門互道「再見」，回家一進門就有最熱烈的擁抱，有些好習慣是可以從小養成的。

出席孩子成長中的重要活動，尤其是學校的活動，不要嫌麻煩，家庭成員最好至少有一個在場，讓孩子相信家人一直陪伴在他身邊。在孩子有情緒、傷心難過的時候，不是馬上對他講道理，或者批評教育他，而是在孩子身邊陪伴他，讓他不感覺孤獨。

這些屬於家庭的特殊小儀式，每個家可以根據具體情況調整方法。不管你是否喜歡寫文章，文筆如何，每年在孩子生日的時候，寫一封信給他，封存在一個箱子裡，做為孩子十八歲的禮物。有一封家書的力量伴隨著成長，想想就是一件幸福的事。

儀式感沒有標準，這些看似平常的每一件小事，都可能是儀式感。它們在孩子的成長過程中潛移默化，默默無聲，卻會在孩子心中種下愛的種子，生根發芽後，慢慢把孩子變成一個溫暖、積極、樂觀、有責任感的人。

用心地對待孩子吧！找到屬於你家的小儀式，固化它，美化它。讓你的孩子在愛和肯定中長大，讓幸福感永遠包圍著他。

有儀式感的家庭，更容易培養出幸福感強的孩子

做為父母，我們都會有同樣的擔心——孩子總有一天需要面對各種艱難的抉擇，而我們不在身邊，能做的只是希望過去的教育足以讓他們獨自做出正確的選擇。

不知道從什麼時候開始，我們似乎已經對生活失去了原本該有的期待和渴望。每天都過得平淡如水，沒有半分激情。每到逢年過節的時候，看著周圍到處充斥著年味，不知道有幾分是發自內心的雀躍和歡喜。

朋友章宇和我說，他小時候過年，家裡是要貼對聯、掛燈籠、放鞭炮、祭灶神的。長大後也許是父母年紀大了，力不從心了，又或許是我們這一代沒有很好地傳承這種文化，那些能給我們帶來快樂的習俗現在已經很少再有機會見到了，過年也只是躲在床上

看看電視劇，刷刷動態牆，好像和平時根本就沒有區別。

因為少了特定的儀式，慢慢地我們對這樣的節日失去興致，彷彿節日就是個假期。章宇對節日失去興趣，對感情也失去興趣。他和很多年輕夫妻一樣，戀愛時如膠似漆，結婚後懷疑當初找錯人。兩人的結合不但沒有將美好平方增值，反而開根號式遞減。

現在，似乎一般的老夫老妻已經不再過一些所謂「年輕人」的節日，就算有，也是隨便套件休閒服，出去吃個簡單的一餐，點菜時，還會考慮到生活的壓力和經濟能力，貴的不點，多的不要。

因為缺乏儀式感，應付了事的節日就變得可有可無，甚至根本想不起來今天是什麼日子。長此以往，我們的生活就像是結冰的湖，再無波瀾，沒了看頭。

因為缺乏儀式感，章宇說他老婆在家都是衣衫隨便，蓬頭垢面。而他回家永遠倒頭就睡，睡醒就玩遊戲，兩人就這樣漸行漸遠。一想到今後還有幾十年的日子要過，章宇笑著感嘆：「不怕你罵，我真的有時會懷疑自己能不能堅持到最後。」

有個外國朋友很認真地和章宇說：「你們東方人很不擅長表達情感，無論是父母與子女之間、夫妻之間，還是朋友知己之間。你們的文化精髓是那麼的含蓄和內斂，要像我們西方人這樣直接表達，對於大部分東方人來說是極大的挑戰，你們總是羞於開口表達情感。」

我們極少會對父母、孩子、伴侶說「我愛你」。

我們很多人不理解為什麼要過母親節、父親節、情人節。

為什麼婚禮對一個女生那麼重要？

為什麼畢業非得最後一次聚個餐，弄個畢業旅行才算是完美？

透過這些「儀式」，讓你和過去好好地道別，然後滿懷信心和希望地迎接下一段歷程。試想如果生活日復一日，年復一年，一成不變，平淡得如白開水一般，昨天和今日有什麼區別，你還會期待和今天一樣的明天嗎？

每個人都會有雜亂無序、迷茫困頓的時候，最恐怖的是我們對生活的熱情日益消耗在負面情緒當中。這時候在一潭死水般的生活加入一點儀式，就如同向平靜的湖面丟入一顆石子，會讓它動起來。

外國朋友的話讓章宇深思，而真正提醒他的，卻是他的兒子。他兒子還很小，今年剛剛幼稚園畢業，老師邀請所有家長參加孩子的畢業典禮，還強調最好爸爸、媽媽都去。

章宇想，幾歲的小孩子懂什麼，這不是折騰人嗎？

他沒把這件事放在心上，完全拋諸腦後，直到住在隔壁的兒子同學家長提醒，他才和老婆一起匆匆趕去。

畢業典禮結束後，章宇發現兒子明顯不開心。

問他怎麼了，孩子噘著嘴說，別人的爸爸、媽媽很早就來了，還打扮得很漂亮，可是你們不但遲到，而且爸爸沒有穿西裝，媽媽也沒有化妝。

章宇十分驚訝，這麼小的孩子居然會介意爸爸不穿西服、媽媽不化妝。兒子雖然年紀很小，但感覺到父母對他的畢業典禮的忽視，他們敷衍的態度與隆重的典禮在此刻形成鮮明的對比。老師為孩子建立起來的神聖感瞬間被父母毀掉，或許從此以後，他將不再為任何典禮而激動。

中國人自古以來是注重「儀式感」的，但隨著現代社會的高速發展，人們似乎愈來愈不重視日常生活中的儀式，更別說體會傳統儀式中的文化內涵了。

媒體社會調查中心曾經做過相關調查，有資料顯示，七十四．三%的人感覺民眾的儀式感愈來愈淡漠。造成這種淡漠的原因有很多，調查中，六十六%的人認為是因為「社會節奏加快，無暇顧及」；六十一．五%的人將其歸結為「儀式教育缺乏，不瞭解儀式的內涵」；四十七．七%的人覺得「現在的儀式過於死板，只是走走過場」；四十五．九%的人認為「各種儀式太多了，無暇顧及」。而事實上，儀式感就是用心對待生活中那些看似平凡的小事。

我們的一生會經歷很多儀式。比如出生後會過「百日」、「抓周」，一年中有春節、端午、中秋，戀愛了要過情人節，結婚時會鬧洞房，過世了還有追悼儀式……

傳統禮節中，還有很多尊老愛幼的細節儀式。這些「儀式感」將感恩、敬畏和責任裝進我們的心裡，讓我們獲得內心的莊嚴感和精神上的安慰。

平常生活中的「儀式感」也會為我們帶來愉悅。表現在家庭生活中，可以是每天出門前的擁抱；可以是情人節時，精心為愛人準備的一份小禮物……平常的小事帶著「儀式感」去做，便充滿了精緻的情懷，還可以對抗消極情緒，諸如散亂、無序、慵懶、沮喪……在一個充滿儀式感的家庭長大的小孩，未來一定是充滿幸福感的。

世界著名商業暢銷書《創新的兩難》的作者，哈佛教授克雷頓・克里斯汀生（Clayton M. Christensen）曾說過一段話，給我留下了深刻印象。他說：

做為父母，我們都會有同樣的擔心——孩子總有一天需要面對各種艱難的抉擇，而我們不在身邊，能做的只是希望過去的教育足以讓他們獨自做出正確的選擇。我們不能簡單地認為只要制定好家庭準則就足夠了，還需要一些更基本的東西，而且在孩子們需要獨自面對選擇之前的很長一段時間就開始。我們首先得幫助他們形成正確的行為價值取向，以便他們在面臨選擇時懂得如何去評估不同選擇，從而選擇正確的行為，而最好的培養孩子們價值取向的工具，就是我們所營造的家庭文化。

孩子需要家庭儀式感，這是幸福的祕笈。在每天焦頭爛額、周而復始的生活中，我們應該停下腳步、花點心思，刻意製造「儀式感」，特別是為孩子營造「家庭儀式感」，那些溫暖而神聖的時刻會伴隨孩子一輩子。

這些記錄著小確幸的回憶，在若干年後依然會觸動他心底最柔軟的部分，讓他知道生活就是一個節日接著另一個節日！

以下是一些美國家庭中常見的有儀式感的親子活動，也許可以給大家一點點啟示。

一、生日帽

準備一頂特殊的生日帽，無論家裡誰過生日，都要戴這頂生日帽。一起吹蠟燭、一起吃蛋糕，拍下全家福。多年之後，當一家人團坐在一起回憶過往時，那頂帽子肯定是重點，必將戳中每個人的淚點。

二、開心罐

開心的事情有時很容易忘記，而傷心的事情往往又難以釋懷。那就打造一個家庭開心罐吧！遇到開心事的時候，把它寫下來，儲存在開心罐裡。等到傷心時，取出儲存的開心回憶，就能療癒心靈。

三、在固定的時間吃飯

鄰居家小男孩幾乎每個週五下午都會和我們家孩子一起玩，但我知道他家有

Friday pizza night（週五披薩夜）的傳統。每次時間快到時，爸爸、媽媽會來接他回家，看他還不想走就提醒，「要回家吃晚飯了，今天是我們的 family pizza night（家庭披薩夜）哦！」剛剛還貪玩不想走的小男孩聽到後馬上站起來乖乖地和我們說掰掰。

四、祕密的牽手方式

與家人手拉手漫步街頭、公園、海灘，想想就是一件幸福的事。我們可以創造專屬家人的祕密牽手方式。有位爸爸就一直用這種方式牽女兒，在女兒出嫁時，她挽著爸爸走在長長的紅毯上，爸爸又做了他們家的祕密牽手動作，女兒立刻感動得淚流不止，覺得那是她一輩子最幸福的時刻，並不只是因為嫁得如意郎君，而是爸爸的愛一直都在。

五、家庭的時間膠囊

在很多電影裡都看過相似的橋段，但每次還是被感動得稀里嘩啦。我們也學起來吧！寫一封信給孩子，讓孩子畫一幅給爸爸、媽媽的畫，放在玻璃或金屬盒子裡，找個地方埋起來。

十年、二十年後再一起打開，那會是什麼樣的情景，光是想想眼淚就要掉下來了。

六、固定的家庭活動

找個固定的時間，一家人一起來開心！什麼都可以，遊樂場裡瘋玩幾個小時，在公園裡搭個帳篷野餐，哪怕是在家裡圍在一起看電影、聊天。多年以後，都會是我們和孩子美好的回憶。如果這個家庭傳統活動能夠一直延續下去，就更好了。

七、每年問同樣的問題

細心觀察就會發現：有一個時期孩子會把一切東西都視為有生命、思想、感情和活動能力，因此我們常看到這個時期的孩子與枕頭「談心」，與布娃娃、布熊等玩偶「講話」……

爸爸、媽媽準備幾個問題，從孩子懂事起，每年都問他這些問題，比如：今年爸爸最讓你生氣的一件事是什麼？學校裡有什麼開心的事？你長大賺錢後想買的第一樣東西是什麼？並記錄他的回答，等孩子長大後翻出來一起讀，肯定會笑到合不攏嘴。

八、開學第一天的合影

孩子的成長速度快得驚人，特別是開始上學之後。不久前還是一個走路歪歪扭扭的幼稚園小豆丁嗎？怎麼馬上就要離開家去留學了？

不想忘記他的成長變化，就趕快幫他拍照留存吧！

九、特別節日的全家福

我有一個朋友，每年的聖誕節都會照一張全家福，然後列印幾份，做成賀卡郵寄給親朋好友，同時也會留一份掛在自家的照片牆上。

每次去她家看到照片牆上歷年的全家福，都會被他們的幸福感動。羨慕之餘，我們今年也開始這樣做了，再怎麼忙，拍一張全家福的時間還是能擠出來的。

十、和爸爸或媽媽的單獨約會

大多數時候，我們是一家三口集體行動。但有時我也會和兒子兩個人一起出去看電影、吃飯逛街。每次回家後兒子都會神祕地撩爸爸：「爸爸，今天我和媽媽又一起出去約會了！就不告訴你我們幹嘛啦！哈哈哈哈！」當然，有時候他們倆也會單獨出去，回來後兒子一樣也會向我炫耀。三人行固然很好，二人行也自有其樂趣。

有人說，無論孩子將來遇到怎樣的風風雨雨，只要他能找到回家的路，就始終都是幸福的。那些能指引他們回家的，就是這些看似瑣碎卻刻骨銘心的家庭小傳統。

謀生的儀式感

我們能看到匠人們做好充足準備以後，穿著整潔的工作裝，斂眉凝神，一字排開他們那些或鋒利、或整齊、或一塵不染的工具，細緻專注地施展他們的技藝。這個過程就是一種儀式，讓我們能體會他們所付出的努力和匠心，讓人心生感動。

有部張國榮主演的電影叫《金玉滿堂》，裡面我最喜歡看他們做菜的部分。影片中，參加廚藝比賽之前，廚師會拿出自己的一套工具，滿滿一大箱裡有各種型號的刀，每一把都有特殊的用處，有專門削魚肉的、專門切牛肉的、專門剔骨頭的，全部都能在廚師手上被舞得出神入化。他們看起來就像武林高手一樣，那些烹飪的手段簡直能和金庸先生筆下精妙的武功一較高低。

後來看韓國電視劇《大長今》也講飲食，但他們的物資真的很匱乏，食材種類也不多，工具用來用去就是一把普通菜刀。不過，他們的態度格外認真，甚至連切菜的姿勢也要調整優雅，並且帶著誠意，就為了讓吃到食物的人感到幸福。

當時，麵粉在朝鮮是很珍貴的食材，連大白菜都是從中國大陸引進，費了很大的功夫才培植成功。總體來說，雖然食材較為一般，做出來的食物，也談不上珍饈美味，卻依舊令人動容。這是因為韓國人特別擅長利用儀式感來營造氛圍、包裝文化。做菜之前，尚宮和宮女們要焚香沐浴，三拜九叩，穿上潔白的制服，用泉水把蔬菜洗淨，然後才能拿起刀具俐落地切出各式各樣的菜絲。她們把做飲食的每個步驟、動作、角度都拿捏得格外細膩，原本再普通不過的青菜、蘿蔔，經過她們的處理，都彷彿山珍海味一般。

不只廚師有工具箱，理髮師也有隨身攜帶的大工具箱。我認識的一個理髮師就是這樣，箱子裡有好多把剪刀和梳子，還有好多支吹風機，其中一支中間鏤空的吹風機售價近一萬四千元臺幣。他握著那支吹風機說，這是個英國品牌，無葉設計，採用內置智慧溫控技術，可以針對各種髮質調節溫度和風速，防止頭髮被過度乾燥，而且不是隨便就能買到，要把自己的工作照、工作店面照片寄過去，審核通過後才能購買。

我問他：「這些工具是公司配備的，還是要自己出錢買呢？」

他回答我：「全部都是我自己買的。」

我問：「可是，你的錢也不是大風颳來的啊？」

他笑了：「我不覺得這是亂花錢，或者說浪費，這是對工作的尊重。另外，這也是一種投資，對我的事業和工作的一種投資。」他說這句話的時候臉上洋溢著滿滿的驕傲和自豪，讓我想到最近被強調的大國匠心精神。

我知道，匠心精神是努力勤奮，是一滴滴汗水所鑄就的熟練技藝，是無數次重複再重複、用盡精力打磨出的高超技巧。但我們又怎能僅憑一面之緣，就知道這個人透過很多努力而掌握了高超技術，擁有匠心精神呢？

我的一個朋友說，化妝的時候，如果化妝師沒有擺出一整排的化妝工具，她就會覺得這個化妝師不專業。不知道是心理作用還是什麼，反正如果碰到這樣的化妝師，那次化出來的妝就真的不好看。

只有親眼看到的，才算是真的。我們能看到匠人們做好充足準備以後，穿著整潔的工作服，斂眉凝神，一字排開他們那些或鋒利、或整齊、或一塵不染的工具，細緻專注地施展他們的技藝。這個過程就是一種儀式，讓我們能夠體會他們所付出的努力和匠心，讓人心生感動。

其實大多數時候這是一種職業心機，我們都知道，卻仍然甘之如飴地「被算計」。就連玩遊戲也是如此。如果有極品裝備就會有極大的優勢，還會有人建議你，現在用的鍵盤不是玩遊戲的標準配備，要用機械式鍵盤，櫻桃紅軸或黑軸；滑鼠要用電競滑鼠，當然這些配備也是很昂貴的。

儀式可以讓人感受到專業和美好，也可以傳達陰暗。電影《風聲》裡有一些刑訊逼供的鏡頭，很多觀眾都說看完以後手腳發涼，毛骨悚然。那些刑具透露著一種狠勁和惡毒，甚至有人看見周迅被刑訊後身下那根帶血的麻繩都快要吐了。演員黃曉明說這件道具是日本侵華時用的一套刑具，現在是文物，「只是輕輕觸摸這個刑具的時候，都會有一種刻骨的冰涼，感覺十分恐怖」。

子曰：「工欲善其事，必先利其器。」意思是工匠想要把工作做好，一定要先讓工具鋒利，比喻要做好一件事的準備工作非常重要。

相信每一個工作的人都會有自己的器，刀是廚師手裡的器，化妝品是化妝師手裡的器，吹風機是理髮師手裡的器。儘管在外行的人看來，一把刀就能做好一桌的飯菜；簡單的化妝品就能化出一個很美的妝容；幾百塊錢的吹風機和三千塊錢的吹風機功能性上並沒有多大的差別，但我覺得不能簡簡單單地僅從功能性或價錢去看待一些事，這些器具也反映他們對待職業的態度。一個捨得花三千元錢去買一支吹風機的理髮師，首先應該是熱愛自己的職業，其次他是一個有上進心的從業者，一個對自己有要求的理髮師。

西方的教育講究儀式感，夫妻、父母子女、兄弟姊妹之間的愛要表達出來，最好還有儀式地表達出來，這樣孩子的幸福感甚至整個家庭的凝聚力都會不一樣。我想，對於謀生的職業來說，一件好用的工具，就是一種儀式感。曾聽別人講過，雖然原本的技術很一般，但如果能用更專業的工具，就有信心提升技術。比如做家具的木工，手拿一件心儀已久的、價格超出承受範圍的工具，他可能會覺得自己是一個藝術家，家具不再是簡簡單單的家具，而是有生命力的、有匠心精神的藝術品。

在謀生的征途上，如果有一個這樣的利器，能讓我們每天欣喜地帶著儀式感去雕刻別人眼中的蹉跎歲月，的確是一種幸福。

每個人都可以擁有愛情，高貴只與美好有關——

儀式感與金錢無關，與地位無關，它是關乎內心深處的愛。而過上有儀式感的生活也許可以從做一餐美食、過一個紀念日開始。

有次在一家餐廳不小心聽到一對情侶的對話，很有意思。起因是女方拿著幾張傳單問男生：「你說，我們等一下究竟是去這裡玩呢？還是去那裡呢……」話還沒有說完，就被男生打斷：「妳先看看我們吃什麼。」

女生接過菜單趕緊問：「你想吃什麼？」

男生說：「我都可以，妳隨便點。」

於是女生點了一盤至尊披薩，剛點完，男生就說：「至尊披薩上的香腸一般都很不好吃。」女生就改成水果披薩，男生又表示：「水果披薩上的水果一般都不新鮮。」女生放下菜單，很認真地說：「我看我們別吃了，還是分手吧！」

男生很意外，吃驚地問：「為什麼？」

女生很耐心地對他解釋：「你又不是第一天認識我，雖然我是喜歡講道理的人，可是在喜歡的人面前就是不想講道理。對我而言，最美的情話是：我討厭的，你也討厭；我喜歡的，你也無條件喜歡；哪怕我要去的遠方遍布荊棘、會在那裡跌得遍體鱗傷，你還是會陪我去。」說完就起身走了，留下一臉尷尬的男生。

或許有人會認為這個女生太矯情，可是這何嘗不是她對自己的人生和愛情負責呢？

電影《河東獅吼》裡張柏芝的一段經典臺詞曾讓無數人拍案叫絕：

從現在開始，你只許對我一個人好，

要寵我，不能騙我；

答應我的每一件事情，你都要做到；

對我講的每一句話都要是真心。

不許騙我、罵我，要關心我；

別人欺負我時，你要在第一時間出來幫我。
我開心時，你要陪我開心；
我不開心時，你要哄我開心。
永遠都要覺得我是最漂亮的；
夢裡你也要見到我，在你心裡只有我……

儀式感與金錢無關，與地位無關，它是關乎內心深處的愛。而過上有儀式感的生活也許可以從做一餐美食，過一個紀念日開始。

儘管繁忙的生活可以給我們愈來愈多藉口，很多儀式感看起來似乎太過矯情，讓很多人說：「我可是實在人，做不來那些花俏不可靠的儀式。」

可是，親愛的，實在不實在我不知道，但儀式一定是需要花心思的，不願意花心思還給自己冠冕堂皇地戴上一個實在人的帽子，這樣真的好嗎？

別忘了，日子是愈過愈少的。所以換種心態，盡可能地給家人創造一些美好回憶，真的不是浪費時間，也不是矯情，而是對我們度過的每一天負責任！

多說一句「我愛你」很辛苦嗎？
多陪情人吃一次飯，真的就抽不出時間來嗎？
真的有那麼多比家人更重要的事情嗎？
不是的，只看你如何對待，對嗎？
熱門韓劇《孤單又燦爛的神：鬼怪》裡有這樣一段獨白：

和你在一起的時光都很耀眼，
因為天氣好，
因為天氣不好，
因為天氣剛剛好，
每一天都很美好。

戀情剛開始的時候都是這樣，一個微笑、一句情話、一次牽手，都讓人甜到心裡。
但時間久了，日常瑣事堆積，逐漸消磨了激情，最後變成左手握右手。雖然我還是愛你的，但卻懶於表達，疏於經營，漸漸的，愛情的花園長滿雜草。最後就這樣一邊抱怨生活無聊，一邊毫無建樹地混著日子。

《孤單又燦爛的神：鬼怪》裡最特別的儀式是女主角恩卓吹滅蠟燭，就能召喚出鬼怪大叔。他們在一起後，恩卓故意找各種無理取鬧的藉口召喚男友，諸如路燈太暗我有點怕，我今天太漂亮覺得危險。大叔明明看穿了她的小伎倆，卻仍一臉寵溺地對她說，以後不用再召喚，他會一直陪伴在她身邊。對於一個從小就能看到鬼的少女來說，吹蠟燭召喚他的這個儀式，也許就是安全感的來源，代表愛與守護。

當然，生活不是電視劇，但女孩子想要戀人陪伴的心情，也是一種召喚儀式。我知道你未必能趕來，但就是想聽聽你的聲音，你要做的是哄哄我，而不是冷漠。所以，節日想和最重要的人一起過，就是一種愛的儀式。

在某個社交軟體上有個很受歡迎的帳號：Symmetry Breakfast，意思是「對稱早餐」。這是英國倫敦一個叫 Michael Zee 的部落客，每天早上為心愛的另一半做的可愛早餐。某年春天 Zee 為戀人做了早餐，擺盤後突然發現兩份早餐完全對稱。於是他立即拍了下來傳到網路上，受到眾多網友好評。後來，為戀人做早餐成為 Zee 獨特的愛情宣言，這個習慣堅持至今。幾乎不重複的對稱早餐是 Zee 對戀人 Mark 的愛意：給我和我的他。

普通的小人物，因為有愛、有儀式感，使每個普通的早上，每頓平凡但又不普通的早餐，成為他們心中詮釋愛情的方式。但這樣浪漫的故事卻很少出現在我們的生活裡，所以網友才對「對稱早餐」如此讚嘆。

你的早餐怎麼樣，你的愛情就會怎麼樣。

戀愛時間長了，約會就會慢慢變得麻木；結婚久了，看到對方的感覺也就變了。常人都說「七年之癢」最難過，那種味同嚼蠟的日子，讓曾經熾熱的情感變得不遠不近，不痛不癢。

沒有熱戀期的盛裝約會，沒有第一次見面時的忐忑心情，在平淡的日子裡，日復一日，年復一年，甚至在結婚紀念日那天，也選擇了敷衍。

劉莉莉是個單身工作狂，在北京一家網路公司做設計，工作很單調，卻沒有影響她對儀式感的熱愛。這種習慣源於家庭的薰陶，她生活在重視儀式感的家庭氛圍中，無論什麼節日，父母都會鄭重其事地對待。她生日時父母會煮一碗長壽麵為她慶生，後來她去外地上大學，父母也會專程趕來，幫她過完生日再離開。

設計師是她人生的第一份工作，薪水待遇很普通，但在她簽入職合約的前一天，父母特地從外地趕過來，帶著家鄉的特產，還有她愛吃的零食。

雖然這只是一份普通的工作，但是對於她的父母來說，這是女兒憑自己的能力找到的工作，也是自力更生的開始，當然值得慶祝。

現在每次回想起當時的場面，劉莉莉都忍不住落淚。

後來，她簽下了第一筆訂單，找到了第一位大客戶，她找朋友們一起聚餐慶祝，還買了一件心動已久卻不捨得買的衣服。物質並不是最重要的，重要的是慶祝的心情。

也許事情很平常，以後還會發生很多很多次，但卻是我們人生中的一個標記，在它發生的時候，都值得停下來紀念，哪怕是一頓分開前的聚餐，也要認真地準備。

與前面幾位相比，孫翔應該是比較幸運的，因為在情人節這一天，他告白成功了。

後來他問女朋友為什麼同意和他交往時，她說：「我是一個比較注重浪漫的人，能夠把什麼東西都整理得很乾淨的男孩子，也會是個顧家的男人。」

孫翔是個比較注重儀式感的人，總是把家裡整理得乾乾淨淨，希望每一位到家裡來的客人，都能感覺到溫馨。聚會時，他也會穿戴整齊再出門，讓對方感覺被認真對待。

有位著名的心理學家曾做過一個實驗，要求第一組女大學生從兩張照片（person A and person B）中選出一張她們認為比較友好的個體，結果這兩張照片被選擇的比率是一樣的；而讓第二組學生在選擇照片之前，先與一位熱情、友善、長相像A的實驗者進行交流，結果兩張照片被選擇的比例為六：一；讓第三組學生選擇照片之前，也和同一位實驗者進行交流，但實驗者的態度會表現得很不友善，結果這組學生都選擇了person B。

這個實驗結果叫做聯繫—喜歡原則，以此告訴大眾一條非常實用的人際交往妙招：**如果你希望一段婚姻保鮮，那麼你和你的伴侶都要將你們的關係和美好的事物聯繫起來：浪漫的晚餐、度假時海邊的漫步、紀念日的驚喜等。**

儀式感也許是將美好賦予生活和伴侶最好的方式。

從這個意義上講，舉案齊眉，相敬如賓，花前月下，不是多情的矯揉造作，也不是刻意的附庸風雅，更不是舊式家庭繁文縟節的風俗，相反，這是一種發自內心對生活和彼此的尊重！

儀式和儀式感最大的區別是，儀式通常是低頻率的活動，帶來的體驗也是暫時性的；而儀式感則更接地氣，帶來的愉悅感更具有持久性。

叮叮應該是我朋友中最喜歡儀式感的人了，她的愛情也因此一直處於保鮮期。戀愛時，她會記得對方的一切事情，無論是節日、紀念日還是考試通過、拿到獎項，她都會準備很多小驚喜，有時是送花，有時是在動態牆上發張兩人的合照。我能感覺到他們很幸福。

叮叮說「儀式感」重要的是將自己的心意透過某種形式表達出來，讓對方知道你在意他，愛情本身就是一種「儀式」。而生活是需要用心經營的，隨著時間的推移，愛情會慢慢轉化成親情，儀式感在此時就成為平淡生活的調味劑。

結婚後，一到節日，叮叮都會毫無懸念地收到老公送的鮮花。她和老公早就過了人們口中常說的「七年之癢」，但老公仍然年復一年地做著這些事情，使叮叮非常感動，覺得雖然這麼多年過去了，但他們的感情還是一如當初。今年父親節，叮叮為老公訂了蛋糕，選了一家頗有情調的小餐廳，和孩子一起畫了一幅畫當作禮物，做足了儀式感，也給了老公一個驚喜。

肯定會有人跳出來說，你說的這些都不是真愛，真愛就算沒有儀式，對方也都懂。可惜沒有人不想當被愛情砸暈的幸運兒，每個人內心都渴望獲得愛的肯定和甜蜜。試想，如果你內心充滿了愛，卻從來沒有表達過，那麼你的情人又如何去感知你對他的愛呢？

愛情不是一句話、一個眼神就可以心領神會的，再相愛的人在這個善變的世界裡也需要不斷肯定自己在對方心裡的位置，不要自私地忽略愛人的需求，並且冠以他不能理解就是不懂事的罪名。

愛情的儀式感，往往表現在願意為這份感情付出的心思和精力。我始終相信，不願意為你花心思的人，也沒那麼愛你。示愛的方式有很多種，並不是只有昂貴的禮品和豪華的陣容才行，也不需要全世界的見證。愛情的儀式感，只是早晨出門前交換的一個吻，生日裡的一份驚喜，或者紀念日的一頓燭光晚餐，甚至僅僅一句簡單的情話，就是愛情儀式感的體現，能讓對方感到幸福無比。

擁有此生是不夠的，還應該擁有詩意的世界——

詩意的美好，或許意味著此生需要不斷地創造人生的美好，不斷地實現新的境界，也許這樣才不會辜負來世。忘記年齡，忘記過去，立足當下，直面人生！你將擁有這個世界上所有的時間。

以前老是在報紙雜誌上看到「名媛」這個詞，這個溢美之詞浮現在我腦海裡的是那些含著金湯匙出生的上流社會的大家閨秀們，她們有才有貌，經常出入於各種時尚社交場合，並多對社會有所貢獻，熱衷慈善。然而，現在說「名媛」這個詞，對方可能會以為你在罵她。

在很多人心裡，名媛就是投胎的時候睜開了眼，找了個有錢的爸媽，可以衣食無憂、任意揮霍。但真正的名媛在於精神，也在於修養。民國時期上海永安百貨的四小姐郭婉瑩出身大家，風光我們暫且放下不說，只講講她落難的時候。經常身無分文為一日三餐發愁的她，卻依然可以穿著洗到褪色的旗袍，優雅地清洗廁所；穿著高跟皮鞋，在菜場賣最廉價的鹹鴨蛋；將路邊採來的野花放到玻璃瓶裡裝飾房間；用搪瓷杯喝白開水當作下午茶。

無論在什麼樣的境遇裡，她總能讓人尊稱她一聲「四小姐」，只有這樣無比熱愛生活的女人才能真正擔得起「名媛」兩字。

很多人總是抱怨工作太累，下班後隨便叫個外送應付肚子。難得的一個週末，什麼都不想做，動也懶得動，只想賴在床上睡一整天，連刷牙、洗臉都認為是浪費時間。

但是，如果你花一個週末的下午，跑跑步、品品茶、做個手工、畫一幅畫、看一場精彩的電影；在重要考試或簽到一份成功的合約之後，約三五好友小酌一番；拿到第一份薪資，給父母或最好的朋友買份禮物；出門前給伴侶、孩子一個擁吻；睡覺前對你認為最重要人說一聲「晚安」；在學習或工作取得進步的時候懂得獎勵一下自己，那麼，這算不算在枯燥的日子裡，為自己燃起了希望的火，為原本蒼白無味的歲月添上一絲別樣的芬芳？只有愛自己的人才會懂得同樣去愛別人。這與矯情無關，你總得抽出時間反思當下的生活，給自我一個反省的空間。

鄰居是一對恩愛夫妻，兩個人什麼都好，就是對自己太苛刻，大半生勤儉節約。不幸的是上個月丈夫查出身患重病，從確診到去世還不到三個月，從來沒有出過國，連飛機都沒有坐過的他們，第一次坐飛機居然是為了去醫療條件更好的城市看病，讓人感到說不出的苦澀。

後來好不容易找熟人託關係住進醫院，花了幾十萬，全身插滿各種管子，受盡了罪，最後還是撒手而去。妻子在靈堂痛哭時最常說的一句話是：「早知道這樣，與其省下那些錢，還不如和你想去哪裡就去哪裡，想吃什麼就吃什麼，想做什麼就做什麼。」

瓊瑤阿姨寫的一段臺詞我一直印象深刻，她說：「人真的好脆弱，會有各式各樣的病痛，但是人又真的好堅強，尋找製作出很多很多藥劑來治療我們的傷痛，只有傷心是誰都沒有辦法治療的。除此之外，後悔也是無藥可醫的吧？」

很多時候，我們總想為今後做些準備，但唯獨忘了當下，苛待自己，疏忽自己，是一種對生活的缺失。

我們習慣對自己說：「沒關係，再堅持一下。」我們理所當然地這樣對待自己，並不覺得這是對自己的虧欠。

我們總以為存夠資本，才能優雅地站在對方面前，但生活往往會告訴你：對不起，他剛剛離去。我們無數次委屈自己，是為了遇見將來最美的自己，但是越過山丘，才發現省略了前半生的美好，最後換來的只是一場豪華的葬禮。

這樣的人，二十幾歲時就死了，只不過是等到八十歲時才埋葬。但有些人卻是耄耋之年，內心依舊停在二十幾歲。

年過古稀對很多人來說意味著衰老，可是有位叫海蒂的老奶奶並不是這樣。她有一輛一九三〇年改裝版的哈德遜皮卡古董車，替它取了個名字叫 Hudo，並在七十九歲高齡的時候，開著它從德國柏林出發，經過土耳其和中東，穿越整個中國，還帶著車子乘坐郵輪跨越澳洲和紐西蘭，又去了美國和加拿大，最後開向南美洲。

這一路上她領略各地的風土人情。每到一個國家，就為 Hudo 插上這個國家的國旗，穿上最漂亮的連身裙，化上精緻的妝，然後拍一張美美的照片。這對於她來說是一種儀式，一種讓生命更具意義的紀念，儘管旅途中也充滿意外，但對她來說，不論快樂還是傷痛，都是旅行中值得珍藏的回憶。

開車環遊世界是很多人的夢想，但極少有人能實現它，這位年逾古稀的奶奶勇敢地、轟轟烈烈地實現了它！

二〇一七年六月，海蒂結束了十萬公里的冒險，開著她的小 Hudo 回到當初的出發點柏林，慶祝自己的八十大壽。她對所有祝福的人說：

> 能決定你走多遠的從來不是年齡，而是你到底想過什麼樣的人生。我想任性地為自己活一回！

無獨有偶，有位在六十六歲就已經可以退休的老人趙慕鶴，本可以像普通老人那樣拿著足夠花的退休金，每天喝茶、逗鳥、安享晚年。可是他不想浪費大把時光，開始做自己想做的事。七十五歲的時候，他做出一個驚人的決定——像年輕人那樣環遊世界。他認為只要還活著，就要讓活著的每一天都充滿價值。而環遊世界就是體現他生命價值的儀式，他用了十幾年的時間去完成。

八十七歲時，因為健康問題不宜再出遠門了，於是他和孫子湊熱鬧考大學。九十六歲那年，又和朋友的兒子相約一起考碩士。九十八歲的時候，他以一篇關於中國書法「鳥蟲體」研究的論文獲得了碩士學位，成為全球最老碩士，創下金氏世界紀錄，創造了又一個人生奇蹟。

二〇一二年，一百歲的他受到馬英九的接見，馬英九稱他是「高齡碩士，樂活不老」的全民楷模。一百零五歲高齡的他，還堅持去醫院當義工，並勤練書法，舉辦義賣，把自己的作品賣掉並捐款給有需要的人，至今仍在創造著奇蹟。在他看來，生命可以是任何一種姿態，它需要你突破、突破、再突破！而突破就是他體現生命價值的儀式，與年齡無關。只要不放棄，在任何起點都可以創造輝煌！

還有個大器晚成的代表，是一位叫安娜·瑪麗·摩西的奶奶。她對農場生活瞭若指掌，七十七歲時開始畫農場裡的場景，從此一發不可收拾。

二〇一四年十一月，出版了她的隨筆作品《人生永遠沒有太晚的開始》。

摩西奶奶的雙手從前被擦地板、擠牛奶、裝蔬菜罐頭等瑣事占據，平日以刺繡鄉村景色為樂，直到七十六歲時因關節炎而不得不放棄刺繡，轉而開始繪畫。她的畫風輕鬆活潑，透著孩子一樣的童稚，但指不出哪位畫家曾使她產生過靈感。一生為民婦，藝術大師不太有機會影響到她，生活大概才是最好的老師，而繪畫對於她來說，正是一種詮釋自己生活的方式。

摩西奶奶鼓勵日本作家渡邊淳一的事也一度被傳頌，當時她已經一百歲了，渡邊淳一寫信給她，糾結自己是要繼續從醫，還是轉行選擇喜歡的寫作。摩西奶奶的回信是：做你喜歡做的事，上帝會高興地幫你打開成功之門，哪怕你現在已經八十歲了！

中國大陸有位老人叫王德順。他二十四歲當話劇演員，四十四歲學英語，四十九歲的時候一窮二白地過著「北漂」生活，同時還研究默劇。五十歲開始健身，五十三歲練出一身肌肉，五十七歲又創造了世界唯一的藝術形式——「活雕塑」藝術，並被載入中國百年史，六十五歲學騎馬，七十八歲騎摩托車，七十九歲走上T臺。二〇一五年在一次國際時裝週上，他的走秀引爆全場，征服了無數人。如今八十歲的他，依舊沒有停止奮鬥和挑戰。

對於王德順來說：年輕是一種生活態度，成就和年齡無關。年齡只是個數字，只要還有激情，還願意努力，什麼時候開始都剛剛好！所以不斷挖掘自己的潛能就是屬於他的儀式，人的潛能是可以挖掘的，當你說太晚的時候，它只是你退縮的藉口。沒有誰能阻止你成功，除了你自己。

年齡的增長無法抹平滿臉的皺紋，這是歲月留下的痕跡。只有保持身心健康，與時俱進，才能讓生命鮮活地綻放！已經七十三歲的黃炎貞奶奶，退休後會去騎馬、騎駱駝，走西藏、穿大漠，親眼見到了那個只在夢中出現過的青海湖。

她的儀式感是在日常生活中把自己打扮得時尚感十足。她熱衷於展示旗袍之美，還參加過海峽兩岸旗袍節和第二屆全球旗袍大賽，並且從中脫穎而出。為了在臺上不輸模特兒風彩，她每天參加一個半小時的身體訓練，專門練習走路的步伐，被稱為「中國最懂時尚的奶奶」，另外，她還喜歡騎哈雷機車！

我很喜歡睡覺，卻總是因為睡覺而錯過一些美好的東西，比如看日出，比如吃一頓豐盛的早餐，比如清晨最清新的空氣。雖然現在總是睡不夠，卻記得我媽說的一句話：「早死三年，你想想可以多睡多久？」所以，我會在睜眼的第一時間打開窗戶呼吸空氣，會叫早餐外送，大不了吃了回頭再睡。這是個不好的習慣，請大家不要學我。

我還喜歡王小波說過的一句話，他說：「一個人只擁有此生此世是不夠的，他還應該擁有詩意的世界。」

詩意的美好，或許意味著此生需要不斷地創造人生的美好，不斷地實現新的境界，也許這樣才不會辜負來世。忘記年齡，忘記過去，立足當下，直面人生，你將擁有這個世界上所有的時間。

後記

一見如故的路人，不辭而別的朋友

這個後記和儀式感無關。

關於儀式感，我想說的在正文裡都說完了，暫時沒有其他補充。

如果你非要問我，在平凡的生命中還有什麼比擁有儀式感更加重要，我要告訴你，是我們的情感。

情感是最不受控制的。就像喝了一杯冰涼的水，然後用很長很長的時間，化成一滴一滴的熱淚。謹此文贈給所有執迷不悔的人，包括我自己。

不管你是笨、是傻，還是太過天真，都不重要，重要的是無論你從什麼時候開始，開始了就不要停下；無論你在什麼時候結束，結束了就不要後悔！

你犯傻的那些時光，一定是人生中儘管算不上光芒萬丈，但也絢麗奪目的時光，就像煙火，點亮天際也照亮你的臉，雖然只有短短的一瞬，但已足夠，不用要求太多。

朋友喵姐很會做網路文學封面，她遇到一個很愛要別人為他的網路文學做封面的大神箏弟，原本這是一次美好的相遇，一個做漂亮的封面，一個寫漂亮的文字，強強聯手，相得益彰。

無論颳風下雨、生病難受，還是大姨媽駕到，喵姐不求回報地為箏弟做了很多好看的封面，但箏弟用了幾張之後就不再用了，轉而去找別人替他做封面。

喵姐想，一定是自己做得不夠好，箏弟不滿意。她不辭辛苦地設計了一版又一版，結果箏弟寧願用別人設計的醜封面，也不用她設計的漂亮封面。喵姐實在搞不懂，她內心天人交戰，糾結了很久後，開口問箏弟這是為什麼。

一連串的「為什麼」發過去以後，如石沉大海，箏弟一個字也沒回覆。他的沉默徹底打破了喵姐的心理防線，她傷心又委屈，傻傻地想，我不求回報為你服務，怎麼能對我的付出不屑一顧？我只是想要你給個理由，哪怕你說「妳做得不好、不美，不符合我的預期」。

為什麼？

給一個答案會死嗎？

說出來會要了你的命嗎？

你為什麼逃避、為什麼不說話，明明顯示在線上卻裝作不在？

喵姐要不到答案，難過極了。我只能安慰她，很多人都不識時務，都像妳這樣執著地去做一些事。世事往往就是這樣，就算你掏心掏肺，低到土裡，人家也不理會！這種現實無法改變。別的東西都可以拚一拚，只有感情這件事情，拚是沒有用的，反而是你不放手的樣子，在對方的眼裡，真的很醜！

這年頭有些事是不能解釋的。

事情往往在剛發生的時候，美好得那麼理所當然，但太過美好的開頭似乎都預示著不太完美的結局。有人說，上帝喜歡和我們開玩笑，其實這就是人性，我們不甘願平凡、平淡，披荊斬棘去爭取原本不屬於我們的東西，比如某個人的愛情。

這就是你傻了！難道你真的相信小說裡寫的情節？有一個女的天天傳訊息給一個男的，按時叫他起床、睡覺，囑咐他不舒服要多喝熱水，天冷加衣，不要太辛苦，就這樣默默堅持了好多年，然後這個男的被感動，女人最終收穫愛情。

我告訴你，我自己都不信！這怎麼可能呢？

現實中你去試試看，估計對方很快就會把你封鎖，或是打電話過來質問：你究竟是什麼人？為什麼總傳莫名其妙的訊息給我老公？

你唯一能夠相信的是，有些人性很醜陋，而生活永遠比小說更精彩！

有一見如故的路人，也有不辭而別的朋友。就像某部落格短文寫手說的那樣，很多人談了戀愛就想過一輩子，交了朋友就巴不得來往一生，儘管故作姿態地說一切順其自然，可是心裡不願讓任何美好發生一絲一毫的改變。對於一個看不透、認不清的人來說，付出感情的最大期盼就是希望所有的感情都真摯而長久。這實在是難為別人，也難為自己。

你自始至終折磨的都是自己，大家都有對生活的選擇，他也許是對的，你肯定也沒有錯。「大家好，才是真的好」，那只是廣告而已！

我始終記得一句話：如果你這輩子註定要打很多場硬仗，那麼你最應該打贏的人是你自己！你的犯傻並不是自取其辱，而是一種人性的美好。

VIEW 058

儀式感：把將就的日子過成講究的生活

作　者—高瑞灃
主　編—邱憶伶
責任編輯—陳映儒
行銷企畫—詹濡毓
編輯助理—陳怡安
封面設計—李莉君
內頁設計—張靜怡
編輯顧問—李采洪
董事長—趙政岷
出版者—時報文化出版企業股份有限公司
一〇八〇一九臺北市和平西路三段二四〇號三樓
發行專線—（〇二）二三〇六—六八四二
讀者服務專線—〇八〇〇—二三一—七〇五
（〇二）二三〇四—七一〇三
讀者服務傳真—（〇二）二三〇四—六八五八
郵撥—一九三四四七二四時報文化出版公司
信箱—一〇八九九臺北華江橋郵局第九九信箱
時報悅讀網—http://www.readingtimes.com.tw
電子郵件信箱—newstudy@readingtimes.com.tw
時報出版愛讀者粉絲團—https://www.facebook.com/readingtimes.2
法律顧問—理律法律事務所　陳長文律師、李念祖律師
印　刷—勁達印刷有限公司
初版一刷—二〇一八年十一月九日
初版七刷—二〇二三年八月三日
定　價—新臺幣三二〇元
（缺頁或破損的書，請寄回更換）

時報文化出版公司成立於一九七五年，
一九九九年股票上櫃公開發行，二〇〇八年脫離中時集團非屬旺中，
以「尊重智慧與創意的文化事業」為信念。

儀式感：把將就的日子過成講究的生活／高瑞灃著. -- 初版. -- 臺北市：時報文化，2018.11
256面；14.8×21公分. --（VIEW；58）
ISBN 978-957-13-7598-4（平裝）

1. 生活方式　2. 生活態度　3. 生活指導

542.5　　107018605

ISBN 978-957-13-7598-4
Printed in Taiwan